지금 공부하는 게 수학 맞습니까?

중·고등학생용

수학 자존감을 살리는
자기주도학습 7단계 로드맵

지금 공부하는 게 수학 맞습니까?

중·고등학생용

최수일 지음

ViaBook Publisher

지금 공부하는 것은 수학이 아닙니다!

1984년부터 27년 동안 학교에서 근무하며 고등학생을 주로 가르쳤습니다. 수학으로 괴로워하는 학생을 수없이 만났지만, 학생들이 왜 수학 공부를 힘들어하는지 사실은 잘 몰랐습니다. 초등학교와 중학교를 거치면서 누적된 학습 결손은 손을 쓸 수 없는 상태인 것처럼 보였고, 나름 애써보았지만 이미 굳어진 상태를 바꾸기에는 역부족이었습니다. 애쓴 만큼 무기력감이 커졌습니다.

2011년 학교를 떠난 뒤 초등학교 수학을 공부하게 되면서 비로소 중·고등학생의 수학 공부가 왜 이리 힘든지 그 원인을 발견했습니다. 초4 교과서에 나오는 분수의 덧셈과 뺄셈 방법을 보고 다항식의 연산 방법과 동류항 정리의 원리를 이해했습니다. 학생들이 확률이 어렵다고 느끼는 이유를 초3 교과서에서 분수의 정의를 보고서야 깨달았습니다. 분수 개념이 정확하지 않으면 확률 개념을 이해할 수 없다는 결론에 도달한 순간, 제가 분수 개념도 없이 중·고등학교 확률을 엉터리로 가르쳤다는 죄책감에 빠졌습니다.

저는 중·고등학교에서 배우는 수학 개념의 뿌리를 잘 이해하면 중·고등학교 수학을 수월하게 해낼 수 있다는 전제하에 여러 학생과 함께 중·고등학교 수학을 개념적으로 이해하고 정리하는 실험을 했습니다. 초등학교 단계의 개념부터 시작해 개념의 연결 고리를 짚어가자 수학을 포기했던 학생들이 살아나기 시작했습니다. 나아가 수학의 필요성을 받아들이고 수학을 좋아하는 데까지 이르는 것을 보게 되었습니다.

학교를 떠난 지난 10년여의 고민은 '수학 공부는 자기주도가 불가능한가?', '사교육을 받지 않고 수학 시험에서 높은 점수를 받는 것은 불가능한가?', '선행학습을 하면 정말 수학 공부를 잘할 수 있는가?', '심화문제, 사고력 문제를 풀면 수학적 사고력이 정말 향상되는가?' 등으로 요약할 수 있습니다. 이런 고민에 대한 답을 얻는 데는 시간이 필요했고, 10년여의 실험과 관찰로 모든 고민을 해결할 수 있었습니다. 그 결론으로 다음과 같은 명제를 만들었습니다.

'학생들이 지금 공부하는 것은 수학이 아니다!'

이것은 5년 전 교사들을 향해 던진 질문인 '지금 가르치는 게 수학 맞습니까?'에 이어서 확신할 수 있는 두 번째 명제입니다.『지금 가르치는 게 수학 맞습니까?』는 5년 전 제가 교사로서 가르치는 문제에 대한 답을 정리하여 썼던 책의 제목이기도 합니다. 그러나 수학교육의 문제는 학생들이 공부하는 과정에도 발생하기 때문에 다시『지금 공부하는 게 수학 맞습니까?』라는 책을 쓸 수밖에 없었습니다.

　수학 공부에서 자기주도가 어려웠던 것은 절차적인 학습 방법 탓입니다. 이것을 개념적인 학습 방법으로 바꾸면 자기주도학습으로도 수학을 공부할 수 있습니다. 많은 사례가 이를 뒷받침해줍니다. 수학 점수로 상처받은 학생들에게 힘이 되고 싶습니다. 학생들은 수학을 못하는 것이 아니라 시험 점수 때문에 자존감을 잃은 것입니다.

　이 책에서 말하는 개념적인 학습법은 쉽게 습득할 수 있는 것은 아닙니다. 무엇보다 학생 스스로 노력해야 힙니다. 학습법의 필요성을 이해하고 실천에 옮길 수 있도록 돕기 위해 7단계로 나누어 로드맵을 만들었습니다. 예습을 어떻게 해야 하는지부터 문제집을 고르는 방법과 푸는 시기까지 단계별로 설명합니다. 특히 '설명하기' 단계는 개념 학습법에서 가장 중요한 과정으로, 그날그날 공부한 것을 다른 사람에게 설명해보면 메타인지적으로 본인이 알고 있는지 잘 모르고 있는지를 명확히 파악할 수 있습니다. 그날 배운 것을 충분하게 설명할 수 있다고 판단되면 거기서 더 나아가 개념을 연결하는 정리 노트를 작성합니다. 자기 손으로 수학 개념을 정리하는 과정까지 거치면 문제 풀이는 그 힘으로 손쉽게 이루어질 것입니다.

　이제 남은 생을 학생들의 수학 공부를 돕는 일만 하면서 살고 싶습니다. 우리나라의 미래를 위해 미래 세대의 학생들 모두가 '포용성과 창의성을 갖춘 주도적인 사람'으로 성장하기를 간절히 바랍니다.

2022년 늦봄에
최수일

Contents

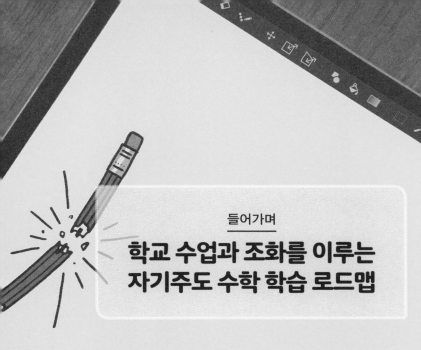

들어가며

학교 수업과 조화를 이루는
자기주도 수학 학습 로드맵

예습 ▸ 수업 ▸ 복습 ▸ 설명하기 (표현학습) ▸ 개념 정리 ▸ 교과서 연습문제 풀기 ▸ 문제집 풀기

정말 사교육 없이는 수학 공부가 불가능할까?

대한민국은 이제 사교육 없이 공부하는 것을 생각조차 할 수 없는 나라가 되었습니다. 2021년 12월 사교육걱정없는세상에서 조사한 내용을 보면, '학교 성적을 올리기 위해서는 사교육이 필요하다'고 응답한 비율이 초등학교 6학년 학생의 75.8퍼센트, 중학교 3학년 학생의 83.8퍼센트, 고등학교 2학년 학생의 86.7퍼센트였습니다. 학교급이 올라갈수록 사교육의 필요성이 높아지는 것을 확인할 수 있습니다.

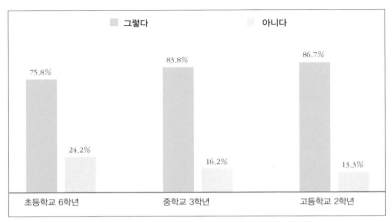

'학교 수학 성적을 올리기 위해서는 사교육이 필요한가요?'에 대한 학생 응답 결과

정말 사교육을 받지 않으면 수학 성적을 올리고 수학을 공부하는 것이 불가능할까요?

이 책은 바로 이 문제에 답을 하고 있습니다. 모두가 수학을 잘하려면 사교육이 필요하다고 말할 때, 이 책은 아니라고 말하지요. 수학을 자기주도적으로 공부한다는 것은 정말 용기가 필요한 일입니다. 그러나 반드시 할 수 있습니다. 사교육을 받지 않아도 되는 이유, 받지 않고도 공부할 수 있는 방법이 있습니다. 지금부터 사교육의 도움 없이 수학 공부를 해낸 학생들의 사례와 함께 그 방법을 소개하려 합니다.

자기주도학습을 놓으면 고등학교 수학 공부가 어려워진다

진명이는 초등학교 시절에 줄곧 자기주도적으로 수학 공부를 해왔습니다. 그런데 중학교 올라가서 첫 중간고사 수학 시험을 망쳤습니다. 부모님은 진명이를 믿고 기말고사까지는 기다렸지만 진명이의 성적은 기말고사에서도 나아지지 않았습니다. 결국 여름방학 때부터 사교육에 발을 들여놓은 진명이는 2학기 중간고사와 기말고사 성적이 많이 올라 상위권을 유지할 수 있었습니다. 그러자 부모님에게는 새로운 걱정이 생겼습니다. 사교육 의존도가 높아지면서 스스로 공부하는 시간이 점점 없어졌기 때문이었습니다. 부모님은 사교육을 그만둘 것을 권했지만 진명이는 이를 거부했습니다. 사교육 수업에서는 문제 풀이 방법을 편하게 외우기만 하면 되는데, 혼자서 공부하게 되면 문제를 풀기 위해 고민해야 하고, 잘 풀리지 않으면 어차피 해답을 외울 수밖에 없기 때문이었지요.

드디어 고등학교에 입학한 진명이는 1학년 모의평가에서 뜻밖에 5등급을 받았습니다. 이어서 가을에도 5등급을 받자 정신이 번쩍 들었지만 자기주도적인 공부를 하지 않은 지 너무 오래되어 이제는 자신이 없었습니다. 진명이는 결국 수학을 포기하고 인문사회계로 진로를 정해 여러 선택과목을 공부했습니다. 고1 또는 고2 때부터라도 개념적인 수학 공부를 하면 얼마든지 회복이 가능한데 말입니다. 물론 쉽지 않겠지요. 하지만 불가능한 것도 아닙니다.

변화는 고등학교 2학년부터 온다

수학을 혼자서도 공부할 수 있다는 사실을 믿지 않는 학생이 많습니다. 다른 과목은 곧잘 하면서 수학만 젬병인 학생도 있지요. 모두 주변의 영향이 큽니다. 수학 공부만큼은 모두들 사교육의 도움을 받고 있으니 혼자 해보다가도 어느 순간 뒤처지면 곧 친구들을 따라 사교육에 발을 들이지요.

대부분의 사교육은 일차적인 목표가 학교 시험 성적을 높이는 것이므로 혼자 공부하는 학생의 성적과 사교육의 도움을 받는 학생의 성적이 당장은 차이가 날 수밖에 없습니다. 그러나 모든 것은 순간입니다. 지금 당장 성적이 다소 뒤떨어진다고 해서 앞으로 계속 그럴 것은 아닙니다. 내가 초등학교 때 사교육을 받는 친구보다 성적이 뒤처졌던 것을 두고 중학교, 고등학교 때도 그럴 것이라고 생각하는 것은 잘못된 생각입니다. 자기주도학습을 철저히 실행한 학생의 경우에 말입니다.

고등학교는 2학년이 가장 급변하는 시기입니다. 수학은 고1 과정까지는 공통으로 똑같이 배우지만 고2부터는 진로에 따라 선택과목이 달라집니다. 이공계로 진학하려는 학생들과 인문사회계로 진학하려는 학생들이 배우는 수학 과목이 다르고, 매주 이수하는 시간 수도 차이가 나기 시작합니다. 이공계로 진학하려는 학생들은 수학 시간이 더 많아지고 배우는 내용도 급격히 늘어나지요. 이런 변화에

아랑곳하지 않고 힘차게 치고 나가는 학생들은 대부분 자기주도학습을 해온 학생들입니다. 반면에 어려서부터 사교육을 끼고 자란 학생들은 여기서 더 발전하기가 쉽지 않습니다.

물론 자기주도학습을 한다고 하면서 친구들이 사교육에서 열심히 공부하는 동안 시간을 낭비한다면 사교육을 받은 친구들을 이길 수 없겠지요. 친구들이 하루 3시간씩 사교육을 받는다면 나는 혼자서 3시간 또는 그 이상의 공부를 해야 합니다. 사교육 선생님의 도움을 받는 친구보다 결과가 좋으려면 그보다 더한 노력을 들여야 하는 것이 당연할 것입니다.

재욱이는 고등학교 1학년이 되어서야 꿈과 희망이 생겼다. 틈틈이 연습한 태권도가 수준급이었고 체력도 좋았기 때문에 경찰대학이나 사관학교에 진학할 것을 굳게 마음먹었다. 그런데 수학 성적이 마음에 걸렸다. 1학년 3월 수능 모의평가에서 턱걸이로 3등급에 들었는데, 경찰대나 육사의 입학 수준을 알아보니 수능 성적이 1등급이어도 쉽지 않았다. 1학기 기말고사를 마치고서야 수학을 개념적으로 공부해야 한다는 조언을 듣게 되었고, 여름방학 때부터 혼자 교과서를 중심으로 고1 수학 내용을 개념적으로 이해하고 정리하는 작업을 시작했다. 개념적으로 이해했더니 정말 누가 물어봐도 고1 수학 개념을 척척 설명할 수 있는 수준이 되었다. 2학기 들어 9월 모의평가에서는 가장 어려운 30번 한 문제만 제외하고 다 풀어내기에 이르렀다. 96점으로 1등급을 받은 것이다. 전 같으면 헷갈려서 풀지 못했을 문제가 이제는 다 풀리는 것을 보고 개념적인 이해의 힘을 느꼈다. 그래서 학교 진도에 맞춰 그날그날 배운 개념을 정확하게 정리하고 거기에 맞는 문제를 푸는 방법으로 차근차근 공부해나갔다. 학교 내신 성적이 날로 향상되었고, 육군사관학교에 지원하여 결국 합격의 기쁨을 맛보았다. 이로써 스스로 공부하고 정리한 개념적인 학습법에 대해서도 자부심을 갖게 되었다. 노력한 만큼 결과가 나온다는 것도 느꼈다.

재욱이의 성공 요소는 자기주도학습입니다. 재욱이는 중학교까지 성적이 썩 좋지 않았지만 항상 나름의 자기주도학습을 했고, 독서를 많이 했습니다. 경찰이나 군인 장교의 꿈을 갖기 전까지는 막연하지만 역사에 관심이 많았기 때문에 역사나 철학에 관한 책을 꾸준히 읽었는데, 그것이 큰 힘이 되었다고 합니다.

초등학교 시절부터 자기주도적으로 개념적인 공부를 한다면, 그리고 다른 친구들이 사교육을 받는 시간과 비슷한 정도를 수학 공부에 투자한다면 사교육을 받은 학생들에게 뒤지지 않을 것입니다. 자기 목표와 진로에 따라서 노력을 집중한다면 수학 공부를 못 할 이유가 없습니다. 초등학교 때는 학교 시험 성적이 상대적으로 평가되지 않고, 시험 문제도 그다지 어렵지 않으므로 자기주도적인 공부가 충분히 가능합니다. 중학교 때가 고비입니다. 학교의 위치에 따라 사교육이 과열된 지역에서는 변별을 위해 수학 시험 문제가 어렵게 출제될 수 있고, 이때 본인이 공부한 만큼 성적이 나오지 않으면 자기주도적인 공부 방법을 버릴 가능성이 있습니다. 중학교 시기의 이런 갈등을 미리 예견하고, 성적이 다소 떨어지더라도 기본적인 개념

지금 공부하는 게 수학 맞습니까?

에 대한 이해가 충분하면 고등학교 수학 공부를 잘 해낼 수 있다는 믿음을 바탕으로 갈등을 극복해야 합니다. 수학의 기초가 부족하여 걱정인 학생은 부록을 참고하기 바랍니다.

성공할 학생은 애초에 정해져 있다

사교육을 조기에 받아서 성공한 사례가 많이 들려옵니다. 반면 자기주도적으로 공부해서 성공한 사례는 상대적으로 드문 것처럼 느껴집니다. 하지만 사교육을 받는 학생의 비율이 전체 학생의 90퍼센트 정도임을 감안하면, 사교육의 도움을 받아 성공한 사례가 9명일 때 자기주도적으로 공부해서 성공한 사례가 1명만 있어도 학습의 효과는 비슷한 셈입니다. 그런데도 사람들은 사교육의 도움을 받으면 성공할 확률이 높은 것처럼 느낍니다. 이는 수학의 핵심 개념 중 하나인 비례적인 추론능력이 부족한 탓일 수 있습니다.

사교육을 받았느냐, 받지 않았느냐보다는 어떻게 공부했느냐가 더 중요합니다. 사교육을 받으면서도 철저히 개념적으로 이해하는 공부법을 유지했다면 문제 될 것이 없습니다. 하지만 이런 학생은 10퍼센트 정도에 불과합니다. 성공한 몇몇의 사례가 사교육의 효과를 증명해주는 것이 아닙니다. 또 실패한 사례가 알려지지 않았다고 해서 사교육의 효과 없음이 숨겨지지 않습니다. 사교육을 받고 성공한 학생은 사교육을 받아서가 아니라 개념적으로 공부했기 때문에 성공한 것입니다. 이 학생은 사교육을 받지 않았어도 개념적으로 공부했을 것이고, 그런 경우 충분히 성공합니다. 마찬가지로 사교육을 받지 않고 성공한 학생은 만약 사교육을 받았더라도 개념적인 공부를 했을 것이므로 결국에는 분명 성공했을 것입니다. 성공은 사교육 여부가 아니라 학습법의 차이로 결정됩니다.

그러나 자기주도적인 학습법으로 공부하던 학생이 사교육의 도움을 받기 시작하면 사교육에서 선생님에게 배우는 데 많은 시간을 할애하게 되므로 자기주도적인 공부 시간은 그만큼 줄어들 수밖에 없습니다. 사교육 의존도가 높아지는 쪽으로 차츰 기울어지면 결국에는 자기주도성이 약화되고 실력 향상을 기대할 수 없는 상태에 이르기도 합니다. 이런 경우 사교육의 도움을 받는 것이 역설적이게도 실패할 확률을 높이는 길이 됩니다.

그럼에도 사교육의 도움을 받기를 원한다면 단기간(2~3개월) 특정 과목이나 특정 영역에 대한 취약점을 보완하는 차원에서 이용할 것을 권장합니다. 사교육에 의존하는 기간이 길면 길수록 스스로 공부하는 시간이 줄어든다는 것을 기억하세요. 자기주도적인 공부를 하는 시간이 줄어드는 것은 정말 바람직하지 않습니다.

그렇다면 학교 수업과 조화를 이루면서 학생 스스로 공부하려면 어떻게 해야 할까요? 그리고 이 방법으로 충분한 수학 공부를 할 수 있을까요?

이것이 학교 수업과 조화를 이루는 자기주도 수학 학습 7단계 로드맵입니다.

예 습 ▶ 수 업 ▶ 복 습 ▶ 설명하기 (표현학습) ▶ 개념 정리 ▶ 교과서 연습문제 풀기 ▶ 문제집 풀기

1단계

예습으로 생각 열기

예 습

수업 ▶ 복습 ▶ 설명하기 (표현학습) ▶ 개념 정리 ▶ 교과서 연습문제 풀기 ▶ 문제집 풀기

예습은 무엇으로 할까

예습은 학교 수업에 대비하기 위해 미리 공부하는 것입니다. 사람의 기억은 그리 오래가지 못합니다. 그러므로 예습은 학교 수업보다 길면 1~2주 전, 짧으면 하루나 이틀 전에 하는 것이 효과적입니다.

이에 비해 한 학기 정도 빨리 하는 공부는 선행학습이라고 합니다. 학습능력이 뛰어나면 또 모를까 진도를 따라가기도 힘든 학생이 사교육의 힘을 빌려서까지 선행학습을 하는 것은 그리 바람직하지 않으며 효과 또한 기대하기가 어렵습니다.

예습에서 가장 신경 써야 할 부분은 새로 배울 개념의 배경지식이 되는 내용을 다시 정리하는 것입니다. 교과서 맨 앞 장에 나온 문제들을 풀어보는 것이 한 가지 방법일 수 있습니다. 교과서는 새로운 단원을 시작하기에 앞서 새 단원에 필요한 배경지식을 확인해볼 수 있도록 구성되어 있습니다. 이 부분을 신경 써서 공부하는 경우를 거의 볼 수 없는데, 여러분은 꼭 풀어보고 어디가 부족한지, 새로운 개념을 배울 준비가 충분한지 스스로 체크해봐야 합니다. 만약 풀지 못하는 문제가 있다면 새로운 단원을 시작하기 전에 반드시 이전의 해당 개념으로 되돌아가 복습을 하고 돌아와야 합니다.

예습의 시작은 자기가 가진 사전 지식을 끌어내는 것이다

예습을 할 때는 교과서 단원 처음에 나오는 문제를 풀어 답을 맞히는 것에서 멈추지 않고 그 문제를 풀 때 사용한 수학 개념을 정확히 알고 있는지 스스로 체크해봐야 합니다. 다음은 중학교 2학년 수학의 첫 단원인 '유리수와 순환소수'의 '기억하기' 문제입니다.

〈기억하기〉

1. 다음 분수를 소수로 나타내시오.

(1) $\dfrac{18}{10}$ (2) $\dfrac{4}{5}$ (3) $\dfrac{7}{25}$ (4) $\dfrac{275}{100}$

2. 다음 수를 소인수분해하시오.

(1) 24   (2) 58   (3) 108   (4) 270

분수를 소수로 나타내는 문제는 초등학교에서 공부한 나눗셈을 이용하는 것이고, 소인수분해는 중학교 1학년에서 공부한 내용입니다. 이 2가지가 중2에서 배울 '유리수와 순환소수' 단원에 필요한 기초 지식이기 때문에 미리 기억해보라는 뜻에서 이런 문제가 교과서에 제시되어 있는 것이지요. 따라서 이 문제들을 풀어보고 혹시 풀지 못하는 문제가 있는지, 풀었더라도 관련 수학 개념에 대한 이해가 충분한지 확인해야 합니다. 소인수분해를 하면서 소인수분해가 무엇인지 말할 수 없다면 즉시 중학교 1학년 교과서로 되돌아가 다시 공부를 하고 와야 합니다.

분수를 소수로 고치는 1번 문제를 보면 유한소수만 제시되어 있습니다. 무한소수는 이제 앞으로 배울 내용이므로 분수를 소수로 고칠 수 있는 것만 상기시키기 위해 유한소수로만 문제를 엮은 것입니다. 소인수분해는 유한소수 또는 순환소수로 고쳐지는 유리수에 있어, 분자를 분모로 나누지 않고도 유한소수인지 순환소수인지 판단하는 방법을 학습하기 위해 필요한 부분입니다.

새로 배울 개념에 대한 열린 질문이 필요하다

과거의 개념에 관련된 '기억하기' 문제를 충분히 해결하고 관련 개념도 잘 이해하고 있다면 교과서 본문으로 예습을 옮겨갑니다. 이 과정에서 교과서 본문을 예습하기 전에, 교과서에 없는 열린 질문으로 구성된 책이 있다면 먼저 경험하는 것이 좋습니다. 중학교 대안 교과서 『수학의 발견』은 열린 질문으로 구성된 탐구 과제를 많이 포함하고 있습니다. 기회가 된다면 먼저 공부합니다.

중학교 1학년 1학기 수학의 첫 단원은 '소수와 소인수분해'입니다.

이 단원을 공부하기 전에 먼저 『수학의 발견』을 펼치고 '탐구하기'를 공부합니다.

중학교 소수를 배우기 전에 예습해야 할 부분은 초등학교 약수와 배수 개념입니다. 그리고 약수와 배수는 곱셈 안에서 한꺼번에 이해할 수 있습니다. 곱셈은 넓이로 표현되기도 합니다. 이렇게 새로 나오는 소수 개념을 이해하기 전에 관련 개념을 활용해보고 수를 넓이로 생각하여 곱셈으로 표현하는 과정에서 소수와 합성수를 구분하는 데까지 갈 수 있으면 이제 새로 배울 소수 개념은 저절로 발견이 됩니다. 수학 개념을 학생이 자기주도적으로 발견하게 하는 것이 『수학의 발견』의 핵심입니다. 수학 공부가 학생의 자기주도적인 발견으로 시작되면 학생이 소외되는 대신 주도권을 가지고 공부할 수 있게 됩니다.

『수학의 발견』에 제시된 '탐구하기' 활동 대부분은 열린 질문으로 구성되어 있어서 학생들의 생각을 여는 데 도움을 주며, 필요한 경우 이를 이용해 친구들과 모둠활동을 진행할 수도 있습니다. 이 과정을 친구와 같이 하면 보다 효과적일 수 있습니다.

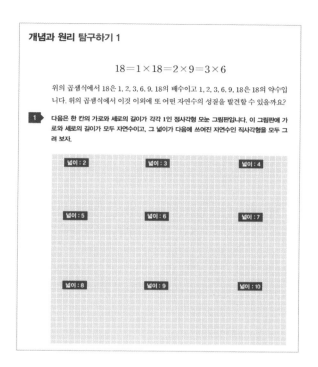

교과서까지 예습하고 질문 목록을 만든다

중학생은 『수학의 발견』에서 '탐구하기' 예습을 마치면 교과서 예습
을 시작합니다. 고등학생은 예습에 적당한 교재가 아직 없으므로 교
과서 예습으로 바로 들어갑니다.

학교 수업에서는 하루에 교과서 2~3쪽 정도의 분량을 배웁니다.

예습에서 가장 중요한 것은 교과서를 한 줄씩 자세히 읽으면서 이해하는 것입니다. 그리고 이해되지 않는 부분이 있으면 반복해서 읽어보며 이해하려고 시도합니다. 그래도 이해되지 않는 부분은 따로 표시를 해둡니다. 예습에서는 완벽한 것을 지양합니다. 예습은 개념을 발견하고 호기심을 키우는 정도가 적당합니다. 학교 수업에 대비하여 수업에 대한 집중력을 높이는 것이 목적입니다. 예습에서 이해하지 못한 부분을 질문 목록으로 만들어두면 더욱 효과적입니다.

중학교 1학년 형석이는 삼각형의 내각과 외각에 대한 내용을 수업 일주일 전에 공부했다. 초등학교에서 배운 삼각형과 사각형의 각에 대한 사전 지식을 다시 상기해본 후 교과서를 차분하게 읽고, 아직 이해하지 못한 다음 4가지를 질문 목록으로 만들었다. 질목 목록을 만드니 궁금증을 해결하고 싶은 마음에 수업이 기다려졌다.

'삼각형의 내각과 외각' 질문 목록

- 다각형의 외각은 항상 2개인데 왜 하나만 생각하라고 할까?
- 외각은 내각을 제외한 부분인데 왜 연장선을 그을까?
- 다각형의 내각의 크기의 합을 구하는 다양한 방법이 교과서에 소개되어 있는데 모든 방법을 다 이해해야 할까?
- 모든 다각형의 외각의 크기의 합이 항상 360°라고 하는데, 정말 인지 궁금하다.

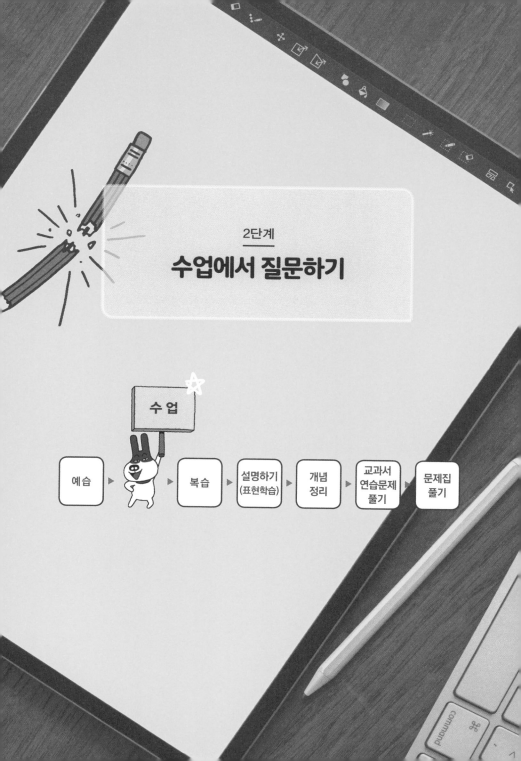

2단계

수업에서 질문하기

수업

예습 ▶ 복습 ▶ 설명하기 (표현학습) ▶ 개념 정리 ▶ 교과서 연습문제 풀기 ▶ 문제집 풀기

질문과 발표는 최고의 공부법이다

예습을 꼼꼼히 하고 질문 목록까지 만들었으면 이제 학교 수업에 집중할 준비가 된 것입니다. 이미 아는 것과 모르는 것을 구분하는 메타인지학습이 일어났기 때문에 스스로 무엇에 집중해야 할지 판단할 수 있지요. 이해가 부족해서 질문 목록에 넣어놓은 부분은 귀를 더 기울이게 됩니다.

학교 수업에서 선생님들은 학생들에게 자주 질문을 던지고, 발표 기회를 많이 제공합니다. 그러므로 발표할 기회가 생기면 적극적으로 나서야 합니다. 자기가 알고 있는 것을 다른 사람에게 설명하는 행위는 수학 개념을 제대로 이해했는지 판단할 수 있는 최고의 도구이자 유일한 도구입니다.

드디어 삼각형의 내각과 외각에 대한 수업이 시작되었다. 수업에서는 여러 가지 학습이 진행되었는데, 형석이는 특히 질문 목록으로 만든 다음 4가지 사항에 대한 공부가 진행될 때는 정말 집중력을 발휘해 해당 내용을 이해하려고 노력했다. 그 결과 2가지는 확실하게 이해하게 되었는데, 다른 2가지에 대한 궁금증은 아직 풀리지 않았다.

'삼각형의 내각과 외각' 질문 목록

- 다각형의 외각은 항상 2개인데 왜 하나만 생각하라고 할까?
- 외각은 내각을 제외한 부분인데 왜 연장선을 그을까?
- 다각형의 내각의 크기의 합을 구하는 다양한 방법이 교과서에 소개되어 있는데 모든 방법을 다 이해해야 할까?
- 모든 다각형의 외각의 크기의 합이 항상 360°라고 하는데, 정말인지 궁금하다.

그래서 수업 도중에 손을 들어 질문했다. "선생님, 다각형의 외각은 항상 2개인데 왜 하나만 생각해야 하나요?" 선생님은 즉시 답변을 해주지 않고 다른 학생들에게 이 질문에 대한 생각을 물었다. 한 친구가 외각은 2개이지만 서로 크기가 같으니 굳이 2개를 생각할 필요가 없을 것 같다고 설명했고, 선생님은 좋은 설명이라고 칭찬해주었다. 그런데 거기까지는 형석이도 생각했던 내용이었다. 형석이는 집에 돌아와 다시 고민을 시작했다. 만약 외각을 2개씩 생각한다면 삼각형이나 사각형이나 모든 다각형에서 외각의 크기의 합이 2배로 늘어나 720°가 될 것이라는 추측을 하게 되자 비로소 의문이 풀렸다. 어차피 2배 해봤자 720°이므로 하나만 360°로 생각하는 것이 간편하고 정확하다는 것을 이해할 수 있었다.

질문 목록에서 수업 중 선생님 설명을 통해서도 이해할 수 없는 부분은 반드시 그 시간에 선생님 또는 주변 친구들에게 질문해보며 다시 공부합니다. 중요한 것은 질문 목록에서 내가 이해한 것과 이해하지 못한 것을 구분하는 일입니다. 이해하지 못한 것은 복습 활동을 통해 다시 이해해보도록 노력합니다.

제자 중에 기억에 남은 학생이 있다. 이 학생은 당시 중학교 3학년이었는데, 이해 속도가 다른 학생에 비해 많이 느렸다. 그래서 수업 시간에 수업 내용을 연습장에 무조건 받아 적어놓고 수업이 끝나면 잽싸게 복도로 따라 나와서 나를 붙잡았다. 쉬는 시간 10분 동안 이해가 안 되는 부분을 물어서 해결하고, 부족하면 방과 후에 다시 찾아오기도 했다. 알고 보니 이 학생은 수학뿐 아니라 모든 수업을 이와 같은 방법으로 공부해나가고 있었다. 쉬는 시간마다 어떤 과목의 선생님이든 복도에서 붙잡고 물어보는 광경이 수시로 목격되었다.

이 학생이 고등학교에 가서도 똑같은 방식으로 공부한다는 소문을 친구들에게 전해 들었는데 나중에 알아봤더니 교육대학에 입학해서 초등학교 선생님이 되었다고 했다. 교육대학에 입학하려면 당시에도 아주 높은 점수를 받아야 했다. 비록 이해 속도는 다소 느렸지만 매일매일 개념적인 이해를 놓치지 않고, 수업에 충실하면서 부족한 부분은 그날그날 질문하여 해결하는 끈질긴 모습이 좋은 성적을 낼 수 있었던 원동력이 된 것으로 생각한다.

선행학습은 수업에 대한 집중력을 방해할 수 있다

얼마 전 사교육걱정없는세상 카페에 올라온 글을 읽고 선행학습에서 주로 나타나는 현상을 이해하게 되었습니다. 고민을 올려준 학생은 초등학교 때는 선행학습을 하지 않아서 학교 본수업에 잘 집중하고 호기심 많은 질문을 자주 하는 학생이었다고 합니다. 중학교 진학을 앞두고 수학 과목은 선행학습이 필요할 것 같다는 생각에 수학 학원을 등록했고, 이때부터 학교 진도보다 빠른 선행학습을 받게 되었습니다. 그런데 중학교에 올라가서 수학 시간에 집중하지 못하고 딴짓을 하는 자신을 발견했습니다. 학원에서 미리 배운 내용이라 재미가 없었던 것이지요. 학교에서의 불량한 학습 태도는 결국 성적 저하로 나타났고, 즉시 학원을 끊고 다시 자기주도학습으로 돌아섰다는 사연이었습니다.

학교 수업을 최대한으로 활용하는 것이 여러분이 설정한 목표를 달성하는 가장 효율적인 방법입니다. 위 학생의 사례를 떠올리며, 현재의 공부 습관을 확인해보세요.

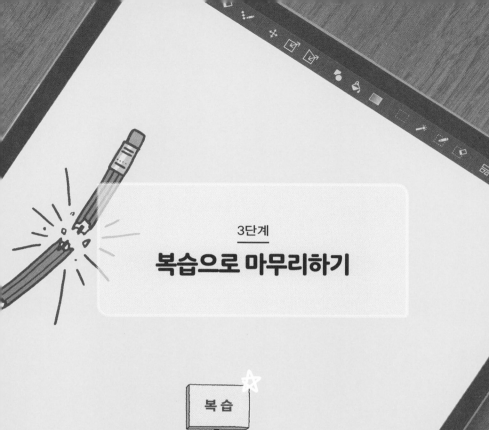

3단계

복습으로 마무리하기

복습은 교과서로 시작한다

복습의 첫 시작은 교과서입니다.

  교과서를 보며 학교에서 배운 내용을 하나씩 점검하고 모두 이해할 수 있는지 확인합니다. 질문 목록에 아직 남은 것이 있다면 다시 공부합니다. 이전 개념의 이해가 부족하다면 『개념연결 초등수학사전』, 『개념연결 중학수학사전』, 『개념연결 고등수학사전』 등 수학사전을 펼쳐 다시 공부하는 방법으로 도움을 받을 수 있습니다.

> 은지는 중학교 때까지 수학 공부가 너무 힘들어서 수학을 거의 포기하고, 중소 도시의 일반계 고등학교에 입학했다. 당시 수학 내신은 8등급, 수능은

9등급이었다. 그런 은지가 고3 때 수능과 내신에서 모두 1등급을 받을 수 있었던 비결은 교과서 공부에 있었다. 중학교에서 수학 공부를 할 때는 교과서를 본 적이 거의 없었다. 그런데 고1 때 만난 선생님의 생각은 달랐다. 수학 교과서를 진지하게 읽고 이해할 것을 거듭 강조했다. 은지는 선생님의 완고함에 눌려 교과서를 읽기 시작했다. 교과서에는 수학 공식에 대한 증명이 논리적으로 설명되어 있었는데 자세히 보다 보니 공식이 나온 과정이 이해되면서 어느 순간 문제도 풀리기 시작했다. 은지 자신은 물론 주변의 많은 친구가 그냥 공식을 넣어 문제를 풀고 말지, 개념을 이해하려고는 시도조차 해보지 않는 것이 수학 공부의 가장 큰 장벽이었다는 사실을 깨달았다.

수업 시간에 교과서를 충분히 이해했다면 다음 단계인 '설명하기(또는 표현학습)'로 들어갈 수 있습니다. 만일 이해하지 못한 부분이 있다면 교과서를 다시 펼치고 천천히 읽어가면서 스스로 이해하려고 노력합니다. 대개는 새로운 개념보다 이전 개념에서 연결고리를 찾지 못해 헤매게 되는데, 수학사전이나 이전 교과서를 이용하여 이전 개념과 연결고리를 만들면 새로운 개념을 훨씬 쉽게 이해할 수 있습니다.

복습의 골든타임은 그날 밤이다

에빙하우스 망각곡선에 따르면 학습한 지 24시간 후에 남아 있는 기억의 양은 30퍼센트 정도입니다. 3분의 2가 사라진다는 것이지요. 미국 행동과학연구소National Training Laboratories가 발표한 자료에는 듣기만 하는 공부는 24시간 후에 5퍼센트만 남는다는 극단적인 내용도 있습니다.

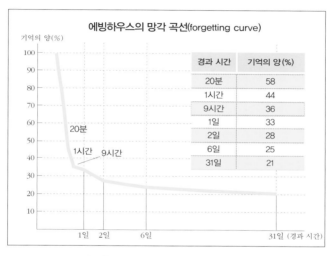

에빙하우스의 망각 곡선(forgetting curve)

기억의 양(%)

경과 시간	기억의 양(%)
20분	58
1시간	44
9시간	36
1일	33
2일	28
6일	25
31일	21

24시간 후 남아 있는 기억의 양은 30% 정도다.

이 2가지 학설을 종합하여 생각해보면 수업에서 들은 내용을 복습하지 않으면 다음 날 수업에서 기억나는 내용은 기껏해야 30퍼센트 정도입니다. 그런데 수학 교과서는 이전 내용을 100퍼센트 이해했다고 전제하기 때문에 바로 새로운 개념으로 들어가는 것이 보통입니다. 충분히 복습하여 잘 이해하고 있으면 새로 배우는 내용을 학습하는 데 지장이 없겠지만 그게 아니라면 진도를 따라가지 못할 것입니다. 이런 일이 반복되면 학생에게 수학은 고통이 되고, 학생들은 결국 수학과 멀어지게 됩니다.

고1 윤희는 항등식을 배운 날 수업 시간에 충분히 이해하지 못했지만 여러 가지 일정이 많아서 복습을 하지 못했습니다. 항등식의 정의는 변수 x에 어떤 값을 넣어도 항상 등호가 성립하는 식이고, 그래서 항등식은 양변의 차수가 같은 항의 계수가 서로 같다는 성질을 가지고 있습니다. 이런 사실을 대충 들기만 했던 윤희는 그다음 시간에 나머지정리를 학습하게 되었는데 다항식의 나눗셈식에 갑자기 어떤 수치를 대입해서 나온 결론이 나머지정리라는 말을 이해할 수 없었습니다. '왜 갑자기 어떤 수치를 대입하는 거지?', '다른 수치를 넣으면 어떻게 되는 거지?' 여러 가지 의문이 떠올랐습니다.

나머지정리

다항식 $P(x)$를 일차식 $x-a$로 나누었을 때의 몫을 $Q(x)$, 나머지를 R라 하면

$$P(x)=(x-a)Q(x)+R(R는 상수)$$

와 같이 나타낼 수 있다. 이 등식은 x에 대한 항등식이므로 양변에 $x=a$를 대입하면

$$P(a)=(a-a)Q(a)+R, 즉 R=P(a)$$

이다. 이처럼 다항식을 일차식으로 나누었을 때의 나머지는 나눗셈을 직접 계산하지 않고도 쉽게 구할 수 있다.

지금 공부하는 게 수학 맞습니까?

하루 종일 고민했지만 해결하지 못한 채 그다음 날이 닥쳐왔고, 이번에는 인수정리에서 더욱 많은 내용을 공부했는데 이번에도 그 내용을 이해할 수 없었습니다.

인수정리

다항식 $P(x)$를 일차식 $x-a$로 나누었을 때의 나머지는 $P(a)$이다. 이때 $P(a)=0$ 이면 $P(x)$는 $x-a$로 나누어떨어진다. 즉 $x-a$는 $P(x)$의 인수이다.

거꾸로 $x-a$가 $P(x)$의 인수이면, 즉 $P(x)$가 $x-a$로 나누어떨어지면

$$P(x)=(x-a)Q(x)$$

이므로 $P(a)=0$임을 알 수 있다.

복습은 그날그날 해야 합니다. 복습의 골든타임은 그날 밤입니다. 이때를 넘기면 복습의 효과는 급감합니다. 무엇보다 다음 날 수업을 듣기 어려운 것이 문제입니다. 그날 배운 것을 충분히 소화하지 못한 상태에서 다음 개념을 배우는 것은 개념의 연결성이 강한 수학 공부에서 효과적이지 못합니다. 다음 날 학교 수업에 참여하기 위해서는 그날 배운 수학 개념을 그날 밤 안으로 충분히 이해하는 것이 절대적으로 필요합니다.

4단계

설명으로 점검하기

설명하기
(표현학습)

예습 ▶ 수업 ▶ 복습 ▶ 🐰 ▶ 개념
정리 ▶ 교과서
연습문제
풀기 ▶ 문제집
풀기

개념 이해의 최종 단계는 설명이다

그날 배운 수학 개념에 대한 복습이 충분하다고 판단되면 그 내용을 설명하는 시간을 가져야 합니다. 개념을 충분히 이해했다고 생각해서 바로 문제 풀이로 들어가면 다시 개념에서 막힙니다. 개념의 힘으로 문제를 풀지 못하면 그 상황을 벗어나고자 문제 풀이 방법을 외우는 방법을 선택하기 쉽습니다. 그래서 개념에 대한 이해가 충분해지기 전에는 가급적 문제 풀이를 시작하면 안 됩니다.

개념에 대한 이해가 충분하다는 것을 어떻게 판단할 수 있을까요? 그 개념을 남에게 설명하는 과정을 거치면 바로 알 수 있습니다. 이를 '설명하기' 또는 '표현학습'이라고 합니다. 학생이 선생님이 되어 부모님이나 친구, 동생 등 다른 사람에게 학습 내용을 설명하는 과정입니다. 수능 만점자들의 고백에서 일관되게 발견되는 것은 설명의 중요성입니다. 수능 만점자들은 문제를 양적으로 많이 풀기보다 문제 하나를 다른 사람에게 설명할 수 있을 때까지 풀었다고 합니다. 그래서 이들이 푼 수능 문제집은 과목별로 많아 봤자 2~3권이었지요.

설명하기는 메타인지학습을 이끈다

설명을 해보면 자기가 아는 것과 모르는 것이 명확해져서 자기가 아는 것은 넘어가고 모르는 것은 더 챙기게 됩니다. 이를 메타인지학습이라고 합니다. 무엇을 모르는지 알면 스스로 공부할 내용과 방향을 정할 수 있습니다.

설명하는 것을 들어줄 수 있는 가장 손쉬운 사람은 부모님이지만, 상황이 여의치 않거나 부모님과 같이 공부하는 것이 내키지 않을 때는 같은 반 친구나 비슷한 또래를 찾아봅니다. 동생이 대신 해줄 수 있으면 동생에게도 좋은 기회가 될 것입니다.

친구와 함께 설명하기를 할 때는, 친구가 학생 역할을 맡아 수학 교과서를 보고 질문을 하면 '나'는 선생님처럼 책을 보지 않고 설명을 합니다.

즉, 친구가 교과서 내용에서 "소인수분해가 뭐야?", "소수의 뜻은?", "소수는 약수가 2개라는데 왜 2개야?" 등의 질문을 하면 나는 선생님 역할에 충실하여 답변을 하는 것이지요. 정의나 뜻을 물어오면 정확하게 그 뜻을 설명하면 되고 성질이나 법칙, 공식 등에 대해서는 왜 그렇게 나오는지 유도하는 설명을 할 수 있어야 합니다.

그런데 수학을 잘 모르는 친구라면 어떻게 질문할 수 있을까요? 친구의 역할은 상대방에게서 개념적인 설명을 이끌어내는 것이지요. 따라서 설명을 경청하며 적당한 때에 "왜?", "어떻게?" 등의 문구만 붙여 질문할 수 있으면 충분합니다. 질문이 적당하지 않아도 선생님 역할을 맡은 친구는 물음에 답하기 위해 개념적인 고민을 하게 되는데, 그것이 곧 개념연결학습이기 때문입니다. 나아가 "다른 방법은 없을까?" 하고 질문해주면 정말 100점짜리 설명하기가 됩니다.

그날 배운 수학을 설명하기 위해 투자해야 하는 시간은 '하루 30분'이면 충분합니다. 그런데 실제로 해보면 어떤 때는 5분도 되지 않아 끝나버리고, 어떤 때는 한 시간 이상도 걸립니다.

처음 시작할 때는 설명이 어색하고 잘 안 될 것입니다. 또 일부 개념에 대해서는 설명하지 못하는 일도 벌어집니다. 그런데 설명하기는 자기가 모르는 것을 평가받는 자리가 아닙니다. 설명하지 못한다는 것은 이해하지 못했다는 증거이므로 설명하지 못한 부분은 기억해두었다가 다시 복습합니다. 이를 반복하다 보면 점차 설명하기에 익숙해질 것입니다.

　설명하기는 방과 후에 친구와 같이 할 수도 있습니다. 그날 배운 내용을 친구와 서로 번갈아 설명하는 것이지요. 둘이서 각각 전체 내용을 설명하기에 많은 시간이 걸린다면 그날 배운 내용을 반으로 나누고 각각 반씩 설명하는 방법도 가능합니다. 친구와 설명하기를 할 때는 서로 질문을 많이 해줄 필요가 있습니다. 흔히들 그날 배운 것이고 자기가 아는 내용이면 질문을 하지 않는데, 질문이 많아야 질문을 받은 친구가 설명하는 내용이 늘어나고 개념적인 이해가 보다 충분해집니다. 질문을 많이 하지 않으면 친구가 개념적으로 이해하는 것이 그만큼 적어지므로 별 도움이 안 될 수 있습니다. 친구의 설명에 단순히 '왜'나 '어떻게'를 붙이는 것으로 개념적인 공부를 일으킬 수 있지요.

설명하기의 성공은 들어주는 사람에 달려 있다

학생들은 자기 성적표에 찍힌 점수를 진짜 자기 실력으로 착각하게 마련입니다. 수학 시험에서 100점이나 90점 이상을 받으면 자기가 수학을 잘한다고 생각하지요. 다른 과목보다 수학 점수가 높으면 수학에 대한 자부심과 자신감도 갖게 됩니다.

그런데 정말 수학을 잘한다는 자부심을 가지려면 성적만 가지고는 안 됩니다. 자기가 가진 수학 개념을 친구 등 남에게 설명하는 경험을 해봐야 합니다. 설명에 거침이 없을 때 진정한 자신감이 생길 것입니다. 설명은 곧 이해의 증거입니다. 이해하지 못한 것은 설명할 수 없습니다. 표현할 수 있다는 것은 곧 이해했다는 뜻이 됩니다.

설명하기를 본격적으로 하려면 앞에 서서 풀이를 쓸 수 있는 칠판이 필요합니다. 화이트보드가 아니어도 벽면에 붙일 수 있는 시트지로 대신할 수 있습니다. 그날 배운 수학 개념을 칠판에 쓰며 부모님이나 친구 또는 동생에게 설명하는 시간을 매일 가져봅니다. 이때 손에는 책이 없어야 합니다. 책을 보지 않고 설명하는 것이 설명하기의 핵심입니다. 선생님들은 거의 책을 보지 않고 개념을 설명합니다. 교과서 등 책은 설명을 듣는 사람이 보면서 질문하는 데 이용하도록 합니다.

예를 들어, 소인수분해에 대한 내용을 설명하는 상황을 생각해봅니다. 학생 역할을 맡은 친구가 먼저 소인수분해가 무엇인지 묻습니다. 선생님 역할을 맡은 친구가 소인수분해의 뜻을 말합니다. "소인수분해는 어떤 자연수를 소수들만의 곱으로 나타내는 것이야." 이때 설명을 들은 친구는 이 사실을 알고 있더라도 냉철하게 하나씩 묻습니다. "소수가 뭐야?" 상대방이 소수를 설명하면 그 설명 안에 있는 수학적인 내용을 또 질문합니다. 꼬리에 꼬리를 무는 질문이 길어질

수록 설명하는 공부의 효과가 커집니다.

설명하기에서 가장 중요한 것은 들어주는 사람의 역할입니다. 듣는 사람이 설명을 들으면서 말꼬리를 잡아 계속 질문해야 합니다. 그것이 무엇인지, 왜 그런지 등을 계속 물어야 하지요. 꼬리에 꼬리를 물어 질문해주는 것이 설명하기 성공의 지름길입니다. 왜냐하면 설명을 할 때 수학 개념이 연결되는 경험을 하게 되거든요. 질문을 받으면 질문한 사람을 설득하기 위해 설명을 시작하는데, 다른 사람을 납득시키는 데는 논리적인 설명이 필요해요. 논리적인 설명, 바로 이것이 수학을 공부하는 이유이자 수학 공부의 핵심입니다.

설명하기(표현학습)의 모습은 다양하다

EBS의 여러 다큐멘터리에서 설명하기를 하는 모습을 볼 수 있습니다. 한 프로그램에서 고2 여학생은 그날 공부를 다 마치고 어머니 앞에서 공부한 것을 정리하며 설명했습니다. 어머니의 적극적인 질문이 없는 것이 조금 아쉬웠는데, 학생은 그렇게 설명하기만 해도 자기 스스로 개념이 정리되는 효과가 충분하다고 느껴 필요할 때마다 부모님에게 들어줄 것을 요청한다고 말했습니다. 사실 고등학교 내용은 해당 학과를 전공하지 않았다면 어른이라고 해도 제대로 이해하기 어려운 부분이 있습니다. 이 학생도 부모님에게 판단을 기대하는 것은 당연히 아니고, 다만 누군가 자기 말을 들어줄 사람이 필요했던 것입니다. 왜냐하면 반드시 설명을 해야만 자기 스스로 정리가 되거든요. 부모님에게 설명하는 것이 부담스러운 경우 앞서 말한 것처럼 같은 반 친구나 이웃집 친구와 서로 설명하기를 주고받는 방법을 선택할 수 있습니다.

설명하기는 수학 공부의 특효약입니다. 수학 개념을 익히는 과정이나 문제 풀이 과정은 지극히 논리적이므로 개념을 정확히 이해하지 못하면 설명할 수 없습니다. 설명하면서 개념 이해 상태를 스스로 체크할 수 있고, 막히는 부분을 메타인지적으로 찾아낼 수 있습니다.

문제를 풀어놓고 설명하는 것은 답을 보면서 설명하는 것과 같다

문제 풀이 과정을 설명하는 기회를 가져보기 바랍니다. 저는 학교에서 학생들을 가르칠 때 칠판을 구획하여 4~5명에게 문제 풀이 기회를 주고, 차례로 설명하도록 했지요. 설명을 잘하는 학생은 선생님인 제가 설명할 때보다 듣는 학생들에게 더 좋은 반응을 얻어냈습니다. 그런데 어떤 학생은 칠판에 푼 것을 가리키며 "여기서 이렇게 풀어서 답이 나왔어." 하고 자신 없게 설명했습니다. 이럴 때마다 아쉽다는 생각을 하던 중 강원 지역 한 수학 선생님의 수업 동영상을 보게 되었습니다. 설명하는 학생은 칠판에 미리 풀어놓을 수 없고 맨손으로 나와 스스로 설명하는 것이 그 선생님의 규칙이었습니다. 선생님처럼 설명을 하며 한 줄, 한 줄 풀이를 써가는 방식이었지요. 또 설명할 때는 질문하기 편한 분위기를 만들기 위해 반말을 사용했습니다. 그렇게 했더니 학생들이 더욱 적극적으로 참여하는 모습을 보였습니다.

여러분도 미리 풀이를 다 써놓고 그냥 읽어 내려가며 설명하지 말고, 선생님이 수업 시간에 설명하는 것처럼 한 줄, 한 줄 설명하면서 풀어가는 방식으로 설명해야 합니다. 이때 듣는 친구가 자꾸 질문을 해서 풀이를 통제하고 천천히 풀도록 유도해줄 수 있으면 설명하는 사람이 풀이보다 설명에 집중할 수 있어 보다 효과적입니다.

어떤 문제를 풀이할 때, 필요한 개념이 미처 정리되어 있지 않으면 풀이 과정을 설명하기가 어렵습니다. 그래서 문제 풀이 과정을 설명하는 동안 개념 이해 정도를 스스로 파악할 수 있는 것입니다. 스스로 문제를 풀더라도 하루 한두 문제에 대해서는 반드시 다른 사람에게 설명하는 기회를 가져야 합니다. 동시에 문제 푸는 분량에 목표를 두는 공부 방식은 지양합니다. 문제를 풀면서 그 문제에 얽힌 수학 개념을 정리하고 확인하는 것에 집중해야 하지요. 분량에 목표를 두면 개념 확인을 소홀히 할 수 있습니다. 앞에서도 얘기했지만 수능 만점자들은 많아야 2~3권의 문제집을 풀었습니다. 한 문제, 한 문제를 풀 때마다 그 문제를 다른 친구에게 설명하여 이해시킬 수 있는지 판단하면서 진도를 나갔기 때문이지요. 답을 맞혔더라도 친구에게 이 문제의 답이 나오는 과정을 설명하는 것까지 확인하는 데 많은 시간과 공을 들였던 것입니다.

문제를 풀어놓고 그것을 보면서 설명하는 것은 해답집을 보고 설명하는 것과 크게 다를 바가 없습니다. 이것은 진정한 설명하기라고 할 수 없습니다. 만일 선생님이 수업 중에 해답을 보면서 설명한다면 어떤 생각이 들까요? 마찬가지입니다. 또한 풀이를 보면 개념적인 설명이 어렵습니다. 이미 풀이 과정이 나와 있기 때문이지요. 그런데 풀이 과정을 한 줄, 한 줄 써가며 풀면 왜 그렇게 풀어야 하는지를 먼저 설명해야 합니다. 이유를 설명하는 문제 풀이 과정, 바로 이것이 개념적인 설명입니다.

설명을 들어줄 상대가 없을 때는 어떻게 할까

주변에 설명을 들어줄 상대가 없을 때는 설명을 생략해도 될까요? 부모님은 바쁘고 형제자매도 없고 주변에 사는 친구도 없다면 정말 막막할 것입니다. 한밤중에 갑자기 설명을 하고 싶을 때도 가족들을 깨우거나 친구를 부르기가 어렵지요. 이럴 때는 혼자 설명하면 됩니다.

그런데 책상에 앉아 우물우물 설명하는 것은 효과가 없습니다. 설명할 때는 항상 칠판이나 벽 앞에 서서 화이트보드나 시트지에 쓰며 큰 소리로 설명해야 합니다. 마치 앞에 누가 들어주는 사람이 있는 것처럼 말입니다. 아예 벽에 대고 설명하는 것도 괜찮습니다. 다른 식구들이나 이웃에 방해가 되지 않을 정도의 큰 소리로 설명합니다. 소리를 내지 않고 우물우물하면 내 설명을 내가 들을 수 없기 때문에 설명이 정확하지 않을 수 있습니다. 적당히 얼버무릴 수도 있지요. 소리 내어 설명해야 이 설명을 누군가가 듣는다고 생각해서 정확하게 할 수 있습니다. 대충 설명하면 효과가 반감됩니다.

또래학습의 효과

혼자서 공부하는 것을 좋아하는 학생도 있고, 친구들과 같이 고민하는 것을 즐기는 학생도 있습니다. 물론 혼자 공부한다고 해서 수학 공부가 안 되는 것은 아니지요. 대부분은 혼자서 공부합니다. 하지만 이해가 어려운 부분이나 잘 모르는 부분이 생기면 친구의 도움이 절실하게 필요해지기도 합니다.

비슷한 또래의 친구와 함께 공부하는 또래학습은 서로 배우고 가르치는 기회가 됩니다. 친구와 같이 공부할 때는 설명하는 경험을 많이 해보는 것이 좋습니다. 친구에게 설명해줄 때 우리는 자기가 가진 개념이 논리적으로 연결되는 경험을 하게 됩니다. 친구를 이해 시키려면 내가 가진 여러 개념이 연결되어야만 하니까요. 내가 모르 는데 어떻게 친구를 가르칠 수 있을까요? 아직 연결되지 않고 떨어 져 있는 개념들이 설명을 할 때 비로소 논리적인 고리를 가지고 정 리되는 느낌을 꼭 경험해보기 바랍니다.

또래학습에 대비되는 개념은 성인 선생님에게 배우는 것입니다. 수학 선생님은 수학 개념이 잘 연결된 사람이므로 해당 내용을 쉽고 부드럽게 설명할 것입니다. 하지만 그 설명을 듣는 학생은 아직 선 생님 수준에 도달하지 못했기 때문에 이해하는 것이 쉽지 않습니다. 그리고 선생님은 지금 배우는 학생과 동일한 위치에 서 있지 않기 때문에 학생이 막히는 지점을 파악하기가 어렵습니다. 그래서 선생 님의 설명을 학생들이 바로 이해하지 못하는 일이 발생합니다. 하지 만 또래 친구는 방금 잘 몰랐던 상태에서 이해를 위한 포인트를 발 견하는 경험을 했고, 그 순간이 생생하기 때문에 친구의 약점을 정 확히 짚어줄 수 있습니다. 선생님보다 부드럽게 설명하지는 못하더 라도 친구의 이해를 잘 도울 수 있는 것이지요.

또래학습을 하려 해도 주변 친구들이 죄다 사교육을 받으러 다녀 서 같이 공부할 친구가 없을 수도 있습니다. 친구마다 학원 스케줄 이 다를 테니 빈 시간이 있는 친구들을 찾아서 여러 친구와 같이 또 래학습을 진행하는 것도 괜찮습니다. 수학을 전공한 선생님들은 아 주 정확한 수학 용어와 학문적이고 추상적인 어휘를 사용하여 설명할 때가 있기 때문에 학생들이 권위적이라고 느낄 수 있습니다. 선생님의 설명을 의심하거나 자기 나름의 의견을 제시할 생각이 들지 않지요. 이런 상황이 계속되면 자기를 신뢰하지 못하고 궁금증이 생겨도 수업을 방해할까봐 주저하게 됩니다. 또 의문 자체를 포기하는 경우도 생깁니다. 그런데 친구의 말이라면 어떨까요? 의문이 있으면 확실하게 말할 것입니다. 또래 친구가 답을 가르쳐주면 은근히 자존심이 상해 그것이 맞는지 스스로 확인해보고 싶은 생각도 들 것입니다. 공부에 도전적이 된다는 말이지요. 그래서 또래 친구들과 공부할 때는 자기 스스로 생각하게 됩니다. 이것이 바로 공부의 기본입니다.

그럼 어떤 친구를 찾아야 할까요? 일반적으로 성적이 좋은 친구를 찾는 경향이 있는데, 나와 성적 차이가 많이 나는 친구는 선생님과 다를 바 없습니다. 그 친구는 내가 모르는 얘기를 너무 많이 할 수도 있습니다. 그래서 성적 차이가 많이 나는 친구보다는 나와 비슷한 친구가 좋습니다. 그런 친구가 나에게 훌륭한 멘토가 될 수 있습니다. 둘이 서로 멘토가 되어 실력이 올라가면 또 다른 친구와 또래학습을 할 수 있습니다.

고2가 된 원희는 3월 수능 모의평가에서 수학이 5등급이었다. 그래서 같은 반 친한 친구 중 4등급인 인서에게 같이 공부하자고 제안했다. 둘은 방과 후

교실에 남아 하루 한 시간씩 그날 배운 것 위주로 복습을 하기 시작했다. 그리고 6월 모의평가에서 원희는 4등급을 받았다. 인서가 학원에 다니기로 하자 원희는 혼자가 될 처지에 놓였다. 다시 수학 3등급인 친구 자영이에게 부탁했고, 자영이와 공부를 계속하게 되었다. 방학에는 만날 수 없었지만 7월 여름방학이 시작될 때까지는 하루도 빠짐없이 자영이와 공부를 계속했고, 2학기 개학 후 치른 9월 모의평가에서 꿈에도 그리던 수학 3등급을 받았다.

이처럼 친구와 공부하는 것에는 많은 장점이 있습니다. 친구와 공부할 때는 대화가 많아집니다. 의사소통의 기회가 많아지는 것입니다. 내가 이해한 내용을 표현하는 기회를 많이 가질 수 있으니 표현학습이 저절로 이루어지지요. 공부의 효과는 스스로 활동하고 표현할 때가 최고로 좋습니다.

EBS 다큐멘터리 중 재수생 2명이 매달 만나는 장면을 담은 방송이 있습니다. 이들은 매달 고3 또는 재수생들에게 제공되는 수능 모의평가를 본 날에 만납니다. 다른 친구들은 인터넷 강의를 틀고 강사의 설명을 듣고 있을 시간인데 이 둘은 모의평가에 나온 수학 시험 문항을 한 문제, 한 문제 같이 풀어보면서 서로에게 모르는 문제를 배우고, 둘 다 모르는 문제는 같이 머리를 싸매고 풀어봅니다. 혼자서는 미처 보지 못했던 부분이 둘이 모이면 희한하게 잘 보인다고 했습니다. 생각하지 못한 아이디어가 떠오르기도 해서 이 시간이 서로에게 영감을 주는 자리라고 얘기했지요. 이들은 또래학습의 의미를 잘 알고 있었습니다.

설명하기는 수학을 좋아하는 계기가 된다

수학 개념을 확실하게 이해하고 설명하기 위해서는 깊이 있는 사고를 할 수밖에 없고, 설명 방식을 고민하는 과정에서는 수학적으로 효율적이고 논리적인 사고가 일어납니다. 이는 나아가 지적인 희열로 이어집니다. 이것이 설명하기가 필요한 이유입니다. 지적인 희열에 대한 경험은 신기하게도 수학 공부에 대한 내적 동기를 불러일으킵니다. 여러분도 어느새 수학이 좋다는 말, 수학이 괜찮다는 말, 수학은 참으로 가치 있는 과목이라는 말을 하게 될지 모릅니다. 점차 수학의 유용성에 대한 전도사가 되지요. 설명하는 수학 공부 하나만으로도 엄청난 혁명을 이룰 수 있습니다.

남에게 설명하는 것은 혼자 공부할 때 나타날 수 있는 단점을 극복하기 위해서입니다. 남에게 설명하지 않고 혼자 공부하면 정확히 이해되지 않더라도 적당히 넘어가게 됩니다. 대략 알 것 같다고 생각하여 지나가면 언젠가는 잊게 됩니다. 설명하지 않고는 장기기억화가 어렵습니다. 개념적인 공부의 장점으로 장기기억화를 꼽는데, 결국 설명하는 공부는 개념적인 공부의 필수 요건입니다. 설명하는

지금 공부하는 게 수학 맞습니까?

과정에서 머릿속은 논리적인 정당성을 찾아 회전합니다. 그래서 우리는 설명하는 동안 논리가 더욱 명확해지는 경험을 하게 됩니다.

학생들이 수학 문제를 가져와 질문하면 저는 직접 풀어주지 않습니다. 어떤 문제를 들고 와서 전혀 모르겠으니 처음부터 풀어달라고 하는 요구도 들어주지 않습니다. 문제를 풀기 위해 필요한 개념이 하나도 정리되어 있지 않으면 아무리 자세히 풀어 설명해주더라도 이해하지 못하기 때문에 결국 다시 문제를 풀지 못하는 악순환이 되풀이됩니다. 그래서 조금이라도 손을 대본 후에 다시 가져오라고 합니다. 다시 왔을 때도 먼저 어떻게 풀었는지 설명해달라고 합니다. 그러면 설명을 하려다 갑자기 "아! 풀었어요." 하고 문제를 거두어가기도 합니다. 혼자 공부할 때는 막연하던 것이 남에게 설명을 하려고 하니 정리가 되어 명확해진 것이지요. 표현하는 기회를 계속 가지면 두뇌에서 사고하는 경험이 많아져 사고가 깊어집니다. 그렇게 되면 다른 문제에 대한 이해도 빨라져서 그 효과는 급상승합니다.

설명하기에 대한 보다 자세한 내용은 『하루 30분 수학』을 참고하기 바랍니다. 그리고 네이버 카페 '최수일의 수학교육연구소'의 '강연 및 컨설팅 요청' 안에 있는 여러 학교 게시판에서 수많은 사례를 접할 수 있습니다.

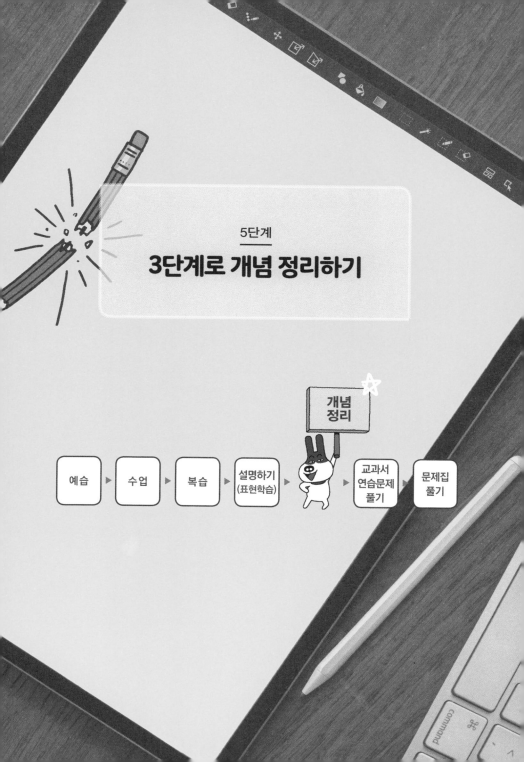

5단계

3단계로 개념 정리하기

개념
정리

예습 ▶ 수업 ▶ 복습 ▶ 설명하기
(표현학습) ▶ 교과서
연습문제
풀기 ▶ 문제집
풀기

수학 개념정리 노트를 이용하자

설명하기가 충분하다고 판단되는 시점에서 개념정리 노트를 작성합니다. 궁극적인 작성 방법은 책을 덮고 머릿속에 정리된 상태를 노트에 옮기는 것입니다. 처음에는 익숙하지 않아 책을 보지 않고서는 하기 어려울 수 있습니다. 이때는 연습의 의미로 몇 번은 책을 보면서 작성할 수 있지만 점차 책을 덮는 연습을 해야 합니다. 노트를 작성할 수 있다는 것은 본인이 작성할 노트 내용이 이미 머릿속에서 소화된 상태라는 의미입니다.

수학 개념정리 노트 양식은 '최수일의 수학교육연구소' 카페-'개념학습 실천방'-'수학 개념정리 노트'에서 다운로드할 수 있습니다.

수학 개념정리 노트

수학에서 개념이란 무엇인가

어떤 수학책을 보아도 수학에서 개념이 무엇인지 정의한 부분을 찾을 수 없었습니다. 비로소 발견한 것이 미국 수학 교육과정의 연결성의 원리였습니다. 그리고 그것은 정확하게 제 생각과 일치했습니다.

수학에서 개념은 3가지입니다. 평행사변형의 개념으로 한번 살펴보겠습니다.

첫째는 정의定義입니다. 평행사변형은 두 쌍의 대변이 각각 평행한 사각형이라는 정의가 첫 번째 개념입니다. 저는 이것을 1단계 개념이라 칭했습니다.

둘째는 정리定理입니다. 정리는 정의를 제외한 모든 것인데, 성질이나 법칙이라고도 합니다. 우리가 공식이라고 하는 것도 정리의 일종입니다. 평행사변형은 두 쌍의 대변의 길이가 각각 같다는 성질이 있습니다. 또 대각선이 서로 다른 것을 이등분한다는 성질도 있습니다. 저는 이것들을 2단계 개념이라 칭했습니다.

셋째는 연결되는 개념입니다. 정의와 정리 사이의 연결일 수도 있고, 여러 개념 사이의 연결일 수도 있습니다. 소수素數의 정의는 '1보다 큰 자연수 중 1과 자기 자신만을 약수로 가지는 수'이기 때문에 소수는 약수의 개수가 1과 자기 자신, 곧 2개입니다. 이것은 정의와 정리의 연결입니다. 평행사변형에 대각선을 그어 만들어지는 두 삼각형이 서로 합동이기 때문에 대변의 길이가 같다는 것을 설명할 수 있는 데서 삼각형의 합동 조건이 평행사변형의 성질에 연결되는 것을 볼 수 있습니다. 이것은 개념 사이의 연결입니다. 저는 이것들을 3단계 개념이라 칭했습니다.

이와 같이 개념을 3단계로 정리하는 방법이 제가 고안한 '3단계 개념학습법'입니다.

정의와 성질은 공부하는 방식이 다르므로 구분해서 정리한다

수학 개념정리 노트에는 새로 배운 개념의 뜻(정의)이 1단계 개념으로, 성질(공식, 법칙, 정리)이 2단계 개념으로, 새로 배운 개념과 관련된 과거 개념이 3단계 개념으로 구분되어 있습니다. 1단계 개념인 정의와 2단계 개념인 성질은 그 학습 방법이 다릅니다. 1단계 개념인 정의는 약속이기 때문에 다른 것에서 만들어지는 것이 아니고 스스로 존재하는 것입니다. 원초적 개념이지요. 그대로 받아들이되 그렇게 정의한 맥락을 이해하면 됩니다. 따라서 정의에 대한 학습은 이해와 암기입니다. 수학의 정의는 한 글자도 틀리지 않게 정확히 암기해야 합니다. 그런데 2단계 개념인 성질은 정의나 다른 개념에서 파생되는 것이기 때문에 그 이유를 반드시 알아야 합니다. 그런 공식이나 성질이 왜 만들어졌는지 유도할 줄 알아야 합니다. 이 과정을 증명이라고도 하지요.

예를 들어, 평행사변형의 정의는 '두 쌍의 대변이 각각 평행한 사각형'입니다. 정의에 대한 학습은 이해와 암기입니다. "아하! 대변이 서로 평행한 사각형이니까 평행사변형이라는 이름이 붙었구나!" 이렇게 이해하고 받아들이는 것이 정의를 학습하는 요령입니다.

그런데 평행사변형은 두 쌍의 대변의 길이와 두 쌍의 대각의 크기가 각각 같습니다. 이것은 평행사변형의 성질이기 때문에 "아하! 그렇구나!" 하고 넘어가면 안 됩니다. 두 쌍의 대변의 길이와 두 쌍의 대각의 크기가 각각 같은 이유를 설명할 수 있어야 합니다. 2단계 개념은 성질이나 공식만 알고 외우면 되는 것이 아니라 왜 그런 성질이 성립하는지를 삼각형의 합동 조건, 평행선에서 동위각과 엇각의 성질 등 알고 있는 이전 개념을 이용하여 논리적으로 설명하는 것까지 해내야 개념적인 공부가 제대로 된 것입니다.

3단계 개념은 수학사전을 활용한다

이제 3단계 개념을 생각해보겠습니다. 3단계 개념에 대한 학습은 일단 과거 개념을 나열하고 각 개념에 대한 정의와 성질이 무엇인지, 그리고 그 개념이 새로운 개념과 무슨 연결 관계를 가지고 있는지 설명하는 것입니다. 예를 들어 삼각형의 합동 조건은 '세 변의 길이가 모두 같은 삼각형은 서로 합동이다.' 등 3가지인데, 이렇게 삼각형의 합동 조건을 기술한 다음 이것이 평행사변형의 성질에 어떻게 연결되는지도 기술해야 합니다. 평행사변형의 두 쌍의 대변의 길이가 각각 같다는 것을 설명하는 과정에 삼각형의 합동 조건이 이용된다는 것을 기록하는 것입니다. 이런 방식으로 과거에 배운 연결되는 개념을 하나씩 정리하면 3단계 개념학습이 완성됩니다.

개념학습에서 가장 어려운 부분이 3단계입니다. 과거 개념은 바로 직전에 배운 개념일 수도 있지만 대개는 한 학기 전 또는 1~2년 전의 개념이기 때문에 현재 교과서에서 찾을 수 없습니다. 다행히 그 개념이 장기기억 속에 남아 있다면 무사히 노트를 정리할 수 있겠지만 대부분은 개념학습을 과거부터 잘 해온 것이 아니므로 기억이 남아 있을 가능성이 크지 않습니다. 이런 경우에는 옛날 교과서를 찾아보거나 인터넷을 이용할 수 있는데, 보다 손쉽게는 수학사전을 이용하는 방법이 있습니다.

수학 개념정리 노트는 단번에 작성할 필요가 없습니다. 세 번 정도 보완하면서 완성하면 됩니다. 그래서 노트 양식 첫 부분에 날짜 쓰는 칸이 3개입니다. 두 번째 날부터는 가급적 처음 정리한 펜과 다른 색깔을 사용하는 것이 좋습니다. 그렇게 하면 자기가 어떤 개념을 몇 번째에 완성했는지 확인할 수 있고, 노트 정리를 통해 수학 개념을 자기 것으로 완벽하게 소화하는 데 도움이 됩니다.

지금 공부하는 게 수학 맞습니까?

개념적인 학습이 먼저다

개념적인 학습은 3단계 개념학습법에 맞춰서 수학을 공부하는 방법을 말합니다. 이에 반해 절차적인 학습은 주로 문제를 푸는 과정에서 경험하게 되는데, 문제 풀이 방법을 익혀서 문제의 답을 구하는 공부를 말합니다. 개념적인 이해가 충분한 경우에는 절차적인 학습이 저절로 일어납니다. 그런데 절차적인 학습으로 문제 풀이 과정을 먼저 경험한 경우에는 이것이 개념적인 학습으로 이어지지 않습니다. 혹자는 문제를 많이 풀면 개념적인 이해가 일어난다고 하는데, 개념적인 공부를 하지 않고 공식에 맞춰서 절차적인 방법으로 문제만 많이 풀어서는 개념을 이해할 수 없습니다.

또 개념 이해가 충분하지 않은 상태에서는 문제를 제대로 풀기가 어렵습니다. 자연스레 해답을 보고 문제 푸는 방법을 익히거나 공식을 무조건적으로 암기하여 문제 풀이에 적용합니다. 실제로 많은 학생이 이렇게 문제를 푸는 방식으로 수학 공부를 하고 있습니다.

초등학교와 중학교를 다니는 동안 절차적인 학습으로만 수학 공부를 해온 학생이 있었다. 고등학생이 되어 절차적인 방법이 통하지 않는다는 것을 깨닫는 데는 그리 오랜 시간이 걸리지 않았다. 첫 단원부터 걸리기 시작했던 것이다. 이 학생을 만나 교과서 연습문제에 나온 평범한 문제를 풀 수 있는지 물었는데, 이런 문제를 풀어본 적이 없어서 어떻게 풀어야 할지 모르겠다고 했다. 그래서 문제에 나온 2가지 개념을 하나씩 물었다. 예상대로 개념을 제대로 알지 못했다. 교과서 본문에 나온 그 2가지 개념을 읽어보도록 하고 10여 분 후에 다시 개념을 물었더니 이번에는 조금 더듬거리면서도 정확하게 설명해냈다. 다시 풀지 못한 문제를 보여주니, 정확하게 문제를 풀어냈고 정답을 맞혔다. 그런데 놀란 것은 오히려 그 학생이었다. "이렇게 문제가 풀리는 거였나요? 왜 여태 이 방법을 몰랐을까요?"

제가 하고 싶은 질문이었지요. 고1이 되도록 이런 방법으로 공부한 적이 한 번도 없다니, 언제부터 수학 공부 방법이 잘못되었던 것일까요? 중학교까지 그럭저럭 성적이 나왔다는 것을 생각하면 얼마나 많은 문제를 풀고 그 풀이 방법을 외웠을까, 안타깝기 그지없었습니다. 고생은 고생대로 했지만 남은 것이 없는 '밑 빠진 독에 물 붓기'식 공부였지요. 물을 열심히 부었지만 남아 있지 않은 공부, 고등학생이 되었지만 초등학교 수학 개념과 중학교 수학 개념이 제대로 축적되지 않은 상태, 이런 경우를 기초가 없다고 말합니다. 수학에서 기초가 중요하다고 생각하면서도 기초를 쌓기보다 절차적인 학습을 따르는 현실입니다.

'수포자' 발생은 절차적인 학습에서 시작된다

2021년 말 사교육걱정없는세상이 전국의 약 3,500명 학생을 대상으로 설문 조사한 결과를 보면 초등학생은 8명 중 1명이, 중학생은 4명 중 1명이, 고등학생은 3명 중 1명이 스스로를 '수포자'라고 밝혔습니다. '수포자'가 발생하는 원인은 무엇일까요? 혹자는 수학이 본래 어려운 과목이고 아무나 잘할 수 없기 때문에 수학 과목에서 '수포자'가 생기는 것이 당연하다고 생각합니다. 하지만 '수포자', 즉 수학을 스스로 포기했다고 선언하는 학생이 우리보다 수학 성적이 낮은 국가에도 이렇게 많지 않다는 것이 문제입니다.

우리나라 학생들이 유독 수학을 싫어하고, 수학 공부를 일찍 포기하는 것은 우리나라 수학 시험이 절차적인 학습을 요구하는 문제 일색이기 때문입니다. 정해진 시간 안에 많은 문제를 빨리 풀어야만 하는 시험 문화가 학습에 영향을 준 탓입니다. 높은 성적을 받기 위해서는 많은 문제를 푸는 경험이 필요했던 것이지요.

절차적인 학습을 다른 말로 하면, '왜 그런지는 모르지만 답을 구할 수는 있다', '원리는 모르지만 문제를 풀어 답을 맞힐 수는 있다'가 됩니다. 왜 그런지를 모르는 것은 개념을 모르는 것이기 때문에 수학 공부를 왜 해야 하는지, 수학 공부를 해서 뭐가 좋은지, 수학 공부가 왜 인생에 꼭 필요한지 납득할 수 없는 상태입니다. 그래서 수학 공부 자체가 쓸모없는 것으로 여겨지고, 어려운 문제를 풀지 못하는 데서 받은 상처가 쌓이면 스스로 무너지고 말지요.

중학교 2학년에서 다루는 삼각형과 사각형의 성질은 본격적인 설명 능력을 필요로 합니다. 선분의 길이나 각의 크기를 구하는 문제를 절차적인 방법만 익혀서 공부한 학생들은 낭패감을 느끼지요. 이런 학생들은 아래와 같은 변의 길이나 각의 크기를 구하는 문제는 막힘없이 잘 풀 것입니다.

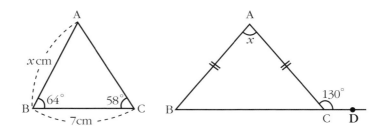

교과서는 거의 모든 면을 할애해서 여러 가지 도형의 정의와 성질을 설명합니다. 그런데 문제집에는 도형의 성질을 설명하는 문제가 별로 없습니다. 그래서 도형의 어떤 성질이 왜 성립하는지를 설명하는 다음과 같은 문제가 나오면 당황할 수밖에 없습니다. 다음은 『수학의 발견』 중2 과정에 나오는 문제입니다.

오른쪽 그림은 $\overline{AB} = \overline{AC}$인 이등변삼각형입니다. 그림에서 이등변삼각형을 모두 찾고, 그렇게 생각한 이유를 써 보자.

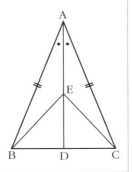

슈퍼 갔다 와라

실험과 설문 조사, 수학교육 논문을 통해 발견한 것이 있습니다. 왜 그런지를 모르는 상태로 암기를 강요당하는 공부는 누구나 싫어한다는 사실입니다. 당연합니다. 학교에서 이제 막 돌아왔는데 부모님이 다짜고짜 "슈퍼 갔다 와!" 하고 시켰을 때, 뭘 사 와야 하는지도 묻지 않고 그냥 슈퍼에 다녀올 학생은 없을 것입니다. 슈퍼에 왜 갔다 와야 하는지, 뭘 사 와야 하는지 반드시 물어야 하지요. 그런 다음 심부름을 할지 말지 결정해야 합니다.

개념적인 이해를 시도하지 않고 무조건적으로 공식을 외우고 닥치는 대로 문제를 푸는 수학 공부는 "슈퍼 갔다 와"라는 말을 듣고는 아무런 질문도 하지 않고 그냥 슈퍼에 뛰어갔다 오는 어이없는 일과도 같습니다. 슈퍼에 그냥 갔다 오지 않듯이 수학 공부도 그냥 하면 안 됩니다. 왜 그런지 하나하나 따지고 물어야 합니다.

$5x-3x$는 두 항에 공통으로 x가 있으니 x로 묶고 남은 수만 계산하는 분배법칙을 사용해서 $5x-3x=(5-3)x=2x$로 계산하는 절차적인 방법으로 답을 쉽게 구할 수 있지만, 이때 왜 x로 묶어내는지, $5-3=2$이고 $x-x=0$이므로 $5x-3x=2$라고 답하면 안 되는지 등을 묻는 학생이 되어야 합니다. 멀리 초등 과정까지 그 근원을 찾아내 연결하는 것이 개념적인 학습입니다. 개념적인 학습은 결과에만 집착하는 것에서 벗어나 훨씬 넓고 다양한 생각으로 가능성을 넓혀나가는 공부입니다.

개념을 연결하는 것은 자기주도성을 높이는 것이다

$5x-3x$의 계산을 다시 볼까요? 이 계산에서 x를 왜 없애지 않고 묶어서 남길까요? 곱셈의 개념을 연결하면 알 수 있습니다. $5x$는 수와 문자 사이의 곱셈기호를 생략한 것으로 본래 $5 \times x$입니다. 또 곱셈은 똑같은 수를 반복해서 더하는 것이므로 $5 \times x = x+x+x+x+x$입니다. x가 5개 있는 것입니다. 마찬가지로 $3x$는 x가 3개 더해진 것입니다. 그러므로 $5x-3x$를 계산하면 x가 2개 남습니다. 즉, $5x-3x= x+x$이고 $x+x$는 똑같은 x를 두 번 더한 것이므로 곱셈으로 $2 \times x$입

니다. $2 \times x$는 수와 문자 사이의 곱셈기호를 생략하는 규칙에 따라 $2x$가 됩니다. 그래서 x로 묶고 수만 계산하는 분배법칙이라는 공식이 만들어진 것입니다. 곱셈 개념을 연결함으로써 다항식의 뺄셈을 자기주도적으로 계산할 수 있게 되었습니다. 다항식의 연산을 성인에게 배우지 않아도 곱셈의 정의에 연결해서 스스로 해결할 수 있게 된 것입니다.

이번에는 제곱근의 연산을 생각해보겠습니다.

$5\sqrt{7} - 3\sqrt{7}$은 어떻게 계산해야 할까요? 혹시 자연수는 자연수끼리 빼고, 제곱근은 제곱근끼리 빼서 2라고 하고 싶은가요? 초등의 곱셈 개념을 연결하여 위의 다항식과 같이 계산하는 방법을 찾아보세요. 제곱근의 연산을 아직 배우지 않았더라도 이전에 배운 다항식의 연산을 연결하면 해결할 수 있습니다. $\sqrt{7} = x$로 보고 다항식의 연산에서 이해한 분배법칙을 사용합니다. $5\sqrt{7} - 3\sqrt{7} = (5-3)\sqrt{7}$로 고치면 결과는 $2\sqrt{7}$이 됩니다. 어떤가요? 성인의 도움이 꼭 필요할까요?

수학 개념정리 노트를 중3 때 처음 사용한 태훈이는 제곱근의 덧셈을 공부할 때 교과서의 문구가 거슬렸다. '제곱근의 덧셈에서는 제곱근을 문자로 취급하여 계산한다'는 문장이었다. 제곱근은 무리수이고 문자는 문자인데 왜 수를 문자로 취급하라는 것인지 알 수 없었다. 그래서 개념 노트의 1단계 '개념 비틀어보기'에 이 내용을 써놓았지만 당시에는 답을 찾을 수 없었다. $2\sqrt{7}+3\sqrt{7}=5\sqrt{7}$ 에서 $\sqrt{7}$을 문자 a로 생각하면 $2\sqrt{7}+3\sqrt{7}$ 은 $2a+3a$로 고칠 수 있고, 일차식의 덧셈은 분배법칙을 사용하여 $2a+3a=(2+3)a=5a$가 되니까 $2\sqrt{7}+3\sqrt{7}=(2+3)\sqrt{7}=5\sqrt{7}$로 계산할 수 있는데, 도대체 왜 그래야 하는지 납득할 수가 없었다. 계속되는 고민 끝에 $2\sqrt{7}$의 정체가 $2\times\sqrt{7}$임을 생각해내고 3단계 개념연결로 가니 곱셈은 곧 같은 수의 덧셈이라는 내용이 정리되었다. 같은 원리로 $2a$도 $2\times a$로 생각할 수 있었다. $2\sqrt{7}$은 $\sqrt{7}$을 두 번 더한 것이고, $2a$도 a를 두 번 더한 것임을 깨달은 태훈이는 비로소 '제곱근을 문자로 취급하라'는 교과서의 문구가 소화되는 것을 느꼈다.

　성인의 도움 없이도 곱셈의 정의로 다항식의 연산을 해결하고, 다시 이것을 이용하여 제곱근의 연산을 해결할 수 있습니다. 모두가 자기주도적이지요. 개념을 연결하는 부분이 많아질수록 자기주도성도 커집니다. 수학에서 자기주도적 학습은 누가 시켜서 또는 누가 도와줘서 이루어지는 것이 아니라 수학 개념을 연결하는 과정에서 완성되는 것입니다.

개념연결은 어디까지인가

결론부터 말하면 개념연결은 끝이 없습니다. 개념의 시작점은 분명히 존재하지만 개념연결의 끝은 있을 수 없습니다. 왜냐하면 수학 개념은 계속 발전하고 있으며 그 발전은 멈추지 않기 때문입니다.

지금 공부하는 게 수학 맞습니까?

분수의 뺄셈부터 다시 시작해볼까요?

$\frac{5}{7} - \frac{2}{7} = \frac{3}{7}$ 입니다. 절차적으로 설명하면 분모가 같은 분수의 뺄셈은 분모는 그대로 두고 분자끼리 빼면 됩니다. 개념적으로 설명하면 $\frac{5}{7}$는 단위분수 $\frac{1}{7}$이 5개 있는 것이고, $\frac{2}{7}$는 단위분수 $\frac{1}{7}$이 2개 있는 것이므로 $\frac{5}{7} - \frac{2}{7}$는 단위분수 $\frac{1}{7}$이 3개 있는 것으로 $\frac{3}{7}$입니다.

이제 중학교로 올라가볼까요?

분배법칙을 이용하면 $5x - 2x = (5-2)x = 3x$로 계산할 수 있습니다. 그런데 법칙, 곧 공식을 사용하는 것은 절차적인 방법이기 때문에 왜 그런지를 설명할 수 있어야 합니다. 하지만 중학교 교과서에서 이 부분에 대한 정확한 설명은 찾아볼 수 없습니다. 그래서 분배법칙의 원리를 개념적으로 이해하지 못한 학생의 경우, 자기 것으로 소화해서 장기기억화하기가 어렵기 때문에 언제든 $5x - 2x = 3$이라고 답할 수 있습니다. 또 틀리는 것이지요. 따라서 분배법칙이 성립하는 이유를 설명하는 학습이 필요합니다. 이를 앞에서 2단계 개념학습이라고 했습니다.

초등학교 분수의 뺄셈 $\frac{5}{7} - \frac{2}{7} = \frac{3}{7}$과 연결하면 $\frac{1}{7}$이 x로 바뀐 것으로 생각할 수 있습니다. $\frac{5}{7}$에서 분모 7은 개수가 아니라 $\frac{1}{7}$이라는 단위를 뜻하는 개체이고, 분자 5는 단순한 개수입니다. $5x$ 역시 x가 5개 있는 것으로 이해할 수 있습니다.

초등학교 분수의 덧셈과 뺄셈을 간단한 공식으로만 공부하지 않고 개념적으로 공부했으면 그 개념을 중학교에서 다항식의 덧셈과 뺄셈에 그대로 연결시킬 수 있습니다. 이러한 경험은 수학의 가치와 중요성을 이해하는 데도 도움이 됩니다.

다시 제곱근으로 가볼까요? 제곱근의 덧셈과 뺄셈도 문자나 분수와 같이 계산할 수 있습니다. 예를 들어, $5\sqrt{3}-2\sqrt{3}=3\sqrt{3}$인데 여기서도 $\sqrt{3}$을 버리고 $5\sqrt{3}-2\sqrt{3}=3$으로 계산하는 학생들이 있습니다. 이유는 $5x-2x=3$으로 계산한 것과 똑같습니다. 그런데 제곱근의 계산은 다항식에서 동류항을 정리하는 방법과 똑같은 방법으로 계산하도록 교과서에 안내되어 있습니다. $5\sqrt{3}-2\sqrt{3}$에서 $\sqrt{3}$은 문자가 아닌데 왜 다항식과 '똑같은 방법으로' 계산해야 할까요? 그 이유는 $\sqrt{3}$을 개체로 보는 안목이 있으면 쉽게 이해할 수 있습니다. 즉, $5\sqrt{3}$이나 $2\sqrt{3}$도 생략된 곱셈기호를 찾아내어 덧셈으로 바꾸면 똑같은 계산이 됩니다.

놀라운 것은 분수의 단위분수 개념이 문자식이나 제곱근의 계산 등 다른 여러 연산에 사용되며 연결된다는 사실입니다. 그리고 그 연결은 수학의 일관성을 보여주지요.

개념연결은 도대체 어디까지 일어날까요?
수학이 존재한다면 그 순간까지 개념은 계속 연결됩니다. 그게 수학이니까요. 그래서 초등학교 수학이 중요합니다. 모든 수학의 기초는 초등학교 수학에 있습니다. 초등학교 수학과 중학교 수학을 연결하지 못하면 중학교 수학의 기초는 그만큼 약해집니다. 초등학교 수학은 중·고등학교 수학에 연결될 때 진정 빛을 발합니다.

수학 전체를 관통하는 '빅 아이디어(big idea)'를 찾아라

나눗셈에서 나머지는 나누는 수보다 작아야 합니다. 왜 그래야 할까요?

34를 4로 나눈 나머지는 왜 꼭 2여야만 하나요? 6이라고 하면 무엇이 문제인가요?

$$
\begin{array}{r}
8 \\
4\,\overline{)\,34} \\
32 \\
\hline
2
\end{array}
\qquad
\begin{array}{r}
7 \\
4\,\overline{)\,34} \\
28 \\
\hline
6
\end{array}
$$

이 질문에 대해 이렇게 말하고 그냥 쉽게 넘어갈 수도 있습니다. "나머지는 나누는 수보다 작다고 정했잖아!"

중학교에서는 소수素數를 배웁니다. 소수는 1과 자기 자신만을 약수로 가지는 수라고 정했습니다. 그러므로 1도 소수라고 볼 수 있습니다. 그런데 소수의 정의는 '1보다 큰 자연수 중에서 1과 자기 자신만을 약수로 가지는 수'입니다. 따라서 1은 소수도 합성수도 아닙니다. 수학자들은 왜 1을 소수에서 제외했을까요?

이때도 이렇게 말하고 그냥 쉽게 넘어갈 수 있습니다. "1은 소수도 합성수도 아니라잖아!"

조금 지나서 함수를 배우게 됩니다. 함수의 정의는 '두 변수 x, y에 대하여 x의 값이 변함에 따라 y의 값이 하나씩 정해지는 관계가 있을 때, y를 x의 함수라고 한다'입니다. 왜 y의 값이 하나씩 정해져야 할까요? 2개가 정해지면 안 되나요?

이때도 이렇게 말하고 그냥 쉽게 넘어갈 수 있습니다. "y의 값이 하나씩 정해질 때만 함수라고 하기로 했잖아!"

이쯤 되면 이 세 개념을 관통하는 공통점을 눈치챘을지도 모르겠습니다. 하지만 아주 깊이 있는 사고를 해야 하고 이런 설명이 교과서 어디에도 없기 때문에 대부분의 학생은 공통점을 찾기가 쉽지 않습니다. 그래도 3가지를 한꺼번에 놓고 보면 뭔가 감이 잡힐 수도 있습니다.

공통점은 유일하다는 성질, 곧 유일성唯一性이라고 하는 수학의 아주 큰 생각(빅 아이디어Big Idea)입니다. 나머지가 나누는 수보다 작다는 규정이 없으면 나누는 사람마다 나머지를 다르게 구할 수 있습니다. 또 1이 소수에 포함된다면 6을 소인수분해했을 때 2×3을 비롯해 $1 \times 2 \times 3$, $2 \times 1 \times 1 \times 3$, $1 \times 2 \times 1 \times 3 \times 1$, …… 무수히 많은 방법이 나

지금 공부하는 게 수학 맞습니까?

옵니다. 함수에서 y의 값이 하나씩 정해지지 않는다면 y의 값은 여러 개, 또는 무수히 많은 값이 나올 것입니다. 그러면 함숫값이 정해지지 않습니다.

　이렇게 되면 생기는 가장 큰 문제는 의사소통이 원활하지 않다는 것입니다. 서로 다른 생각을 가지고 말하기 때문에 공통적인 의견이 모아지지 않고, 대화의 다음으로 이어지는 결론이 예측되지 않으므로 예측 가능성이 현저히 떨어지지요.

　그래서 수학은 결론이 가급적 하나로 정해지도록 하는 것을 '빅 아이디어'로 가지고 있습니다. 빅 아이디어는 영역이 달라도 수학에서 크게 관통되는 생각입니다.

　수학에서 정의한 것은 그냥 쉽게 넘어갈 수 있는 것이 아니라 그렇게 정한 이유가 있다는 것을 생각할 수 있을 것입니다. 그래서 개념학습에서 1단계 정의를 학습할 때는 무조건 암기만 할 것이 아니라 "왜 이렇게 정했을까?"를 한 번 더 생각하면 정의에 대한 이해가 보다 깊이 있게 이루어질 것입니다.

개념적인 학습의 장점

절차적인 학습, 즉 공식을 무조건적으로 암기해서 문제 풀이 기술만 익히는 공부로는 개념을 자기 것으로 소화할 수 없고, 기초를 튼튼히 할 수 없습니다. 수학의 각 개념을 정의와 성질(공식, 법칙, 정리)로 구분하여 정리하고, 각 개념 사이의 연결성을 충분히 만들어내는 공부, 즉 개념적인 학습만을 진정한 수학 공부라고 할 수 있습니다.

개념학습의 장점은 무엇일까요? 4가지로 정리할 수 있습니다.

첫째, 개념적으로 공부하면 서로 다른 것을 연결하는 능력이 강해집니다.

중석이는 중2 여름방학 때까지 문제집 위주로 수학을 공부했다. 그런데 시간 대비 성적 상승 효과가 나지 않아 고민이었다. 친구들보다 더 많은 문제집을 푸는데도 성적은 항상 중위권을 맴돌았다. 그러던 중 상담을 통해 수학 개념정리 노트를 알게 되었다. 2학기 들어 삼각형의 성질을 배우면서 한 시간 동안 배운 것을 수학 개념정리 노트 2쪽에 작성했다. 처음에는 워낙 가진 개념이 없어서 빈칸이 많았고 시간이 2~3시간씩 걸렸다. 빈칸은 다시 다음 날 소화해서 채워갔는데, 어떤 내용은 세 번이나 시도해서 겨우 채우기도 했다. 삼각형의 성질과 사각형의 성질은 증명할 것이 많았고 논리적으로도 복잡하게 꼬인 것 같았다. 친구들도 어려워하는 내용이었다. 그런데 중석이는 어느 순간부터 1학년 도형에서 배운 삼각형의 합동 조건을 자연스럽게 이용하고 있었다. 2학기 중간고사에서는 정말 여태껏 받아본 적이 없는 높은 점수를 받았고, 등수도 2등으로 껑충 뛰었다. 담임 선생님이 개별적으로 불러서 비결을 물었을 때 자신 있게 수학 개념정리 노트를 보여드렸더니 학급의 다른 아이들에게도 노트 사용을 강력하게 권고했다. 중석이가 볼 때 친구들은 평행사변형을 아주 어려워했는데 평행사변형의

지금 공부하는 게 수학 맞습니까?

정의와 성질을 구분하지 않고 무작정 함께 외운 것이 원인이었다. 친구들에게 정의와 성질을 구분해서 공부하는 것이 정말 중요하다고 알려줬지만 친구들은 그 둘을 구분하는 것 자체를 이해하지 못하는 것 같았다.

"나는 도형 문제를 계산으로 푸는 문제가 힘들어", "연산과 도형이 어떻게 연결된다는 거야?" 하고 말하는 학생들을 흔히 봅니다. 연결능력이 부족한 경우이지요. 수학의 영역을 크게 2가지로 나눈다면 연산 영역과 도형 영역입니다. 연산 영역에 강한 학생 중에는 도형 영역에 유달리 약한 경우가 있고, 그 반대인 경우도 있습니다. 연산 영역 내에서도 수의 연산은 잘하지만 문자의 연산은 힘들어하는 경우가 있습니다. 모두 연결능력이 부족한 것입니다.

21세기는 정보가 없어서 무엇을 못하는 것이 아니라 정보가 너무 많아서 어떤 정보를 이용해야 할지 모르는 것이 더 문제가 됩니다. 그 많은 정보 중 꼭 필요한 정보를 끄집어내어 연결하는 능력이 필요합니다. 서로 관계가 없을 것 같은 정보를 연결하여 새로운 것을 만들어내는 능력, 이것이 연결 능력이자 곧 창의력입니다. 수학은 모든 개념이 연결되어 있으므로 수학을 개념적으로 공부하면 수많은 연결 경험이 쌓여 창의력 개발로 이어집니다.

둘째, 개념적으로 공부하면 응용능력이 생깁니다. 개념을 연결하면 응용할 수 있는 범위가 넓어져서 아직 배우지 않은 개념에 대해서도 추측할 수 있는 능력, 즉 추론능력이 향상됩니다. 예를 들어, 선분의 수직이등분선의 성질을 개념적으로 충분히 이해한 학생은 삼각형의 외심을 배우지 않았어도 개념을 연결하여 이해할 수 있습니다. 선분의 수직이등분선 위의 한 점에서 선분의 양 끝점에 이르는 거리가 같다는 것을 이해하고 있으므로 삼각형의 각 변을 선분으로 생각하고 수직이등분선의 성질을 연결하여 외심에서 삼각형의 세 꼭짓점에 이르는 거리가 같다는 결과를 얻을 수 있는 것이지요. 삼각형의 외심의 성질을 설명하지 못하는 학생은 선분의 수직이등분선을 개념적으로 이해하지 못했을 가능성이 큽니다.

원주각을 개념적으로 충분히 이해한 중학생이라면 원에 내접하는 사각형의 성질을 추론할 수 있습니다. 원에 내접하는 사각형의 성질, 즉 대각의 크기의 합이 180°라는 성질을 무조건 외우는 학생은 원주각을 개념적으로 이해하지 못한 것입니다.

초등에서 삼각형의 세 각의 크기의 합을 처음 배울 때는 삼각형보다 작은 도형이 없기 때문에 삼각형을 직접 쪼개서 세 꼭짓점을 한 점으로 모아보는 작업을 했습니다. 세 꼭짓점이 일직선에 모이는 것을 확인하고 그 합이 180°임을 알게 되었습니다.

지금 공부하는 게 수학 맞습니까?

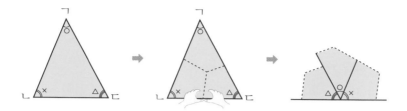

이제 사각형의 네 각의 크기의 합을 구할 때는 이렇게 쪼개는 작업을 하지 않아도 됩니다. 사각형을 대각선으로 나누면 삼각형 2개가 나오기 때문이지요. 사각형 안에는 삼각형이 2개 있으므로 사각형의 네 각의 크기의 합은 $180° \times 2 = 360°$로 구할 수 있습니다. 이게 개념연결입니다.

중학교에서는 오각형부터 다시 내각의 크기의 합을 구합니다. 육각형, 칠각형, ..., n각형까지 모든 다각형의 내각의 크기의 합을 구하는 일반적인 공식을 유도하게 됩니다.

모든 다각형의 내각의 크기의 합은 초등에서 배운
삼각형의 세 각의 크기의 합으로 쉽게 구할 수 있다.

아직 오각형이나 육각형, 궁극적으로는 일반적인 n각형의 내각의 크기의 합을 구하는 공식을 배우지 않았더라도 초등에서 공부한 삼각형과 사각형의 내각의 크기의 합을 구하는 방식을 연결하면 얼마든지 오각형, 육각형의 내각의 크기의 합을 구할 수 있으며, n각형의 내각의 크기의 합을 구하는 공식까지도 만들어낼 수 있는 힘이 발휘됩니다. 이것이 응용능력입니다.

"나는 응용능력이 없나 봐", "문제의 조건이 조금만 바뀌어도 잘 풀리지가 않아"라고 말하는 학생들을 종종 봅니다. 그런데 이와 같은 응용능력은 타고나는 것이 아닙니다. 응용능력은 학습 습관에 달려 있습니다. 개념적인 학습 습관을 가진 학생은 뛰어난 응용능력을 갖게 됩니다.

셋째, 개념적으로 공부한 것은 장기기억화됩니다. 절차적으로 공부한 것은 단기적으로 단원평가나 중간·기말고사까지는 기억할 수 있을지 몰라도 시험이 끝나고 시간이 흐르면 기억 속에서 사라집니다. 벼락공부라고 하는 것은 평소에는 하지 않다가 시험 때가 닥쳐서 서둘러 하는 공부를 뜻하는데, 이렇게 하는 공부는 개념적인 방법이 아닌 절차적인 방법일 것이기 때문에 시험 때까지만 유효한 것입니다.

중학교 선생님들이 제게 가끔 이런 한탄을 합니다. "초등학교의 기본적인 연산, 즉 분수의 사칙연산이나 자연수의 혼합 계산이 하나도 안 되는 학생이 많아요. 도대체 초등학교에 수학 시간이 있기는 한 것인지 모르겠어요." 고등학교 선생님 역시 중학교 탓을 하지요.

지금 공부하는 게 수학 맞습니까?

절차적인 공부가 유행하는 우리나라에서는 흔히 볼 수 있는 현상입니다.

절차적인 방법으로 공부한 내용은 개념의 연결성이 약하기 때문에 장기기억화되기 어렵습니다. 개념적인 공부를 하면 어느 한 부분을 기억하지 못해도 관련 개념을 연결하거나 응용하여 다시 복원할 수 있답니다. 또 충분히 이해되어 저절로 기억되는 장점이 있답니다. 공부한 내용이 머릿속에서 개념 사이의 연결 지도로 그려지기 때문입니다. 고등학교 수학을 공부할 때 초등학교 수학이 연결되는 기쁨을 맛볼 수 있는 것도 장기기억화된 개념이 되살아나기 때문이지요. 예를 들어, 고등학교에서 확률을 공부할 때 확률의 각 근원사건이 똑같은 정도로 일어날 가능성이 있어야 하는데, 똑같은 정도라는 것은 분수의 개념이었지요. 분수 $\frac{1}{6}$은 전체를 똑같이 6개로 나눈 것 중 하나입니다. 주사위를 던질 때 나올 수 있는 눈의 수는 1~6의 6가지이고, 주사위는 정육면체로서 각 면이 나올 가능성이 똑같기 때문에 주사위를 던져 어느 한 눈의 수가 나올 확률은 $\frac{1}{6}$이라고 말할 수 있습니다. 이는 확률을 분수로 나타내는 상황에서 분수의 개념과 연결되는 장면입니다.

넷째, 개념적으로 공부한 학생은 수학을 배워야 하는 이유를 결국 깨닫습니다. 수학의 가치를 인식하게 되지요. 그렇게 되면 수학에 대한 내적인 동기가 생겨서 저절로 수학이 좋아지는 효과가 나타납니다. 이런 경험이 가능한 것은 개념의 연결 때문입니다. 수학을 싫어하고, 수학의 가치를 인식하지 못하며, 수학이 불필요하다고 생각하는 학생이 많습니다. 왜일까요? 학생들의 수학 공부 방법이 대부분 문제집을 붙잡고 한없이 씨름하는 형태이기 때문입니다. 불행히도 문제집에는 개념적인 공부를 돕는 장치가 없습니다. 문제집은 말 그대로 문제집일 뿐입니다. '개념'문제집이라고 이름 붙인 문제집에도 제대로 된 개념이 없습니다. 개념을 잘 설명한 책은 교과서밖에 없습니다. 그런데 학생들은 교과서를 학교 사물함에 두고 수업용으로만 사용합니다. 진짜 자기 공부를 할 때, 즉 혼자서 공부하거나 방과 후 사교육에서 공부할 때도 문제집을 가지고 공부합니다. 개념 공부를 하는 학생은 도통 보이지가 않습니다. 그러니 학생들도 수학을 왜 배우는지 알 수 없습니다. 원하는 대학에 가기 위해서 수학을 공부한다는 외적인 동기만 가지고는 수학 성적이 생각처럼 나오기 힘듭니다. 좋아서 공부하는 것이 아니므로 문제를 잘 풀게 되더라도 수학으로 받은 상처는 사라지지 않습니다.

지은이는 초등학교에서 모든 과목 중 수학 공부를 제일 열심히 했다. 그런데 항상 수학 성적이 불만이었다. 다른 과목에서 100점을 받을 때도 수학에서는 꼭 몇 개를 틀리는 것이었다. 그래서 더욱 많은 수학 문제집을 풀었지만 좀처럼 100점을 받지 못했다. 그런데 6학년을 마치고 중학교 입학 직전 겨울방학 중에 개념적인 공부 방법에 대한 강의를 듣고 '설명하기'를 실천하기 시작했다. 중학교에 가서 처음 마주친 소수를 개념적으로 공부하면서 소수가 '1보다 큰 자연수 중 1과 자기 자신만을 약수로 가지는 수'라는 정의를 초등수학 개념과 연결하여 소수의 정의를 '1이 아닌 다른 자연수로 나누어떨어지지 않는 수'로 바꾸기도 하고(5학년 약수 개념 연결), '1이 아닌 다른 두 자연수의 곱으로 나타낼 수 없는 수'로 바꿀 수도 있었다(2학년 곱셈 개념 연결). 그런데 어느 날 중학교 심화문제집에서 "23×29는 소수인가?"라는 문제를 풀 때 갑자기 초등 2학년 곱셈 개념으로 23×29는 두 자연수의 곱이기 때문에 소수가 아니라는 사실을 깨닫고 스스로 놀라움을 감추지 못했다.

공식 증명은 최고의 문제 풀이 방법이다

심화학습은 무엇일까요? 정의가 분분할 수 있습니다. 첫째로 생각할 수 있는 것은 심화문제, 즉 어려운 문제를 푸는 것입니다. 둘째로는 학생 개인의 내적인 면을 생각하여 고등 사고력을 발휘하는 학습이라고 말할 수도 있습니다. 셋째로는 한자어 뜻을 그대로 번역하여 심화深化, 즉 깊이가 있는 학습이라고 생각할 수 있습니다. 개념에 대한 깊고 충분한 이해를 대입해 생각하면, 관련된 개념을 모두 다 연결하여 이해하는 학습이라고 생각할 수 있지요. 저는 이 세 번째 정의를 심화학습이라고 생각합니다.

심화문제를 푸는 것보다 더 어려운 것이 개념학습의 2단계 개념인 성질과 공식 등을 유도하고 증명하는 일입니다. 증명은 최고의 문제 풀이 방법입니다. 또한 3단계 개념연결에서도 깊이 있는 공부가 가능합니다.

쉬운 문제를 여러 가지 방법으로 푸는 것만으로도 심화학습이 가능하다

심화학습 방법을 생각해봅시다.

보통은 심화문제집, 사고력 문제집을 풀면 사고력이 향상된다고 생각합니다. 올림피아드 문제나 경시대회용 문제 등 어려운 문제를 푸는 과정에서 사고력이 향상될 것이라고 생각하기도 합니다. 그런데 이런 문제집을 풀다가 문제가 너무 어려워 몇 시간을 붙잡고 있어도 아무런 단서를 잡지 못해 답답하고 힘든 시간을 보내는 경험을 한 적이 있을 겁니다. 수학교사인 저도 이런 경험을 많이 해봤습니다. 문제를 해결하지 못하면 상처가 쌓이고 좌절감과 무기력감이 밀려옵니다. 그리고 수학을 잘한다는 자신감마저 잃을 수 있습니다.

쉬운 문제를 풀면서도 심화학습을 할 수 있습니다. 어려운 문제가 아닌 이미 푼 문제를 이용하는 것입니다. 이미 푼 문제를 다시 보면 문제를 해결하지 못하고 상처받는 일이 없습니다. 문제를 해결했다는 자신감도 이미 가지고 있지요. 오히려 문제를 다양하게 푸는 방법을 고안하고 그 문제에 얽힌 다양한 개념을 연결 짓는 과정을 통해 생각을 확장할 수 있습니다. 문제를 일반화해서 추상적인 결론을 도출해낼 수도 있습니다.

수능에서 고득점을 받은 학생들은 공통적으로 문제집을 여러 권 대충 풀기보다 한 권을 여러 번 풀었습니다. EBS의 한 다큐멘터리에 출연한 고2 학생의 경우 고2 초반에는 수학 성적이 꼴찌 수준이었는데 1년 동안 문제집 한 권을 열 번이나 푼 결과 전교 1등을 하게 되었습니다.

이때 열 번을 푸는 구체적인 방법은 모두 다릅니다. 두 번째, 세 번째 풀어나갈 때, 이미 해결한 문제를 다시 풀 수도 있고, 아니면 건너뛸 수도 있습니다. 사고력이 커지는 효과는 이미 해결한 문제를 두 번째, 세 번째 풀 때 나타납니다. 이미 푼 문제를 다시 풀 때는 이전의 방식이 아닌 다른 방식으로 풀이를 만들어내야 합니다. 결코 쉬운 일이 아닙니다. 처음에는 잘 안 되겠지만 점점 풀이가 늘어나는 것을 경험할 수 있습니다. 꾸준히 이 방법을 실천하면 다양한 사고력을 키울 수 있습니다.

아주 쉬운 문제, 예를 들면 "18, 27, 36의 평균을 구하라."라는 문제를 한번 풀어봅시다.

이런 문제는 평균을 배운 학생이면 누구나 풀 수 있습니다. 가장 보편적인 방법은 세 수를 다 더한 다음 3으로 나누는 것입니다. 계산 과정을 살펴보면 $18 + 27 = 45$, $45 + 36 = 81$, $81 \div 3 = 27$이므로 평균은 27입니다. 지금 이 글을 보고 있는 사람의 절반 이상은 이렇게 풀었을 것입니다. 그런데 이 방법은 두 자리 수 덧셈을 두 번 해야 하고, 덧셈마다 받아올림이 일어나므로 비교적 까다롭고 실수가 많이 나오는 방법입니다. 그럼 또 어떤 방법으로 세 수의 평균을 구할 수 있을까요?

어떤 학생은 가운데 27을 중심으로 18은 9가 부족하고, 36은 9가 남으니 ±0이라고 생각해서 평균 27을 바로 구합니다. 덧셈을 한 것이 허무하지요. 어떤 학생은 미리 3으로 나누고 몫으로 나온 6, 9, 12를 더합니다. 6+9+12=27입니다. 이 방법은 답은 맞지만 항상 그래도 되는지 일반화해볼 필요가 있습니다. 일반화는 문자로 하는 것이 효과적입니다. 즉, $\frac{a+b+c}{3} = \frac{a}{3} + \frac{b}{3} + \frac{c}{3}$는 항상 성립할까요? 문자를 사용했기 때문에 중1 과정으로 보이겠지만 내용을 보면 초등학교 고학년도 이해할 수 있습니다. 또 어떤 학생은 대충 10 단위로 맞추어 세 수를 20, 30, 40으로 생각합니다. 쉽게 그 합이 90이 되는데, 이를 3으로 나누어 30이라는 임시 평균을 구한 다음 본래 수들의 부족분 -2, -3, -4를 합하여 나오는 -9를 3으로 나눈 값 -3을 평균 30에서 빼어 27을 구하는 것이지요.

아주 쉬운 문제로도 이렇게 다양한 사고를 경험할 수 있는데, 모두 더해 3으로 나누는 방법으로 평균을 구한 학생은 보통 답을 구한 이후에는 이 문제를 다시 거들떠보지 않습니다.

어려운 문제를 풀어서가 아니라 간단한 문제를 통해서도 이렇게 다양하고 깊이 있는 심화학습을 진행할 수 있습니다. 간단한 문제이기 때문에 문제를 풀지 못할 수도 있다는 두려움에서 자유롭고, 문제의 행간에 흐르는 사고를 바라보는 여유도 생깁니다. 쉬운 문제를 다양하게 해결하는 경험으로도 충분한 심화학습이 이루어집니다.

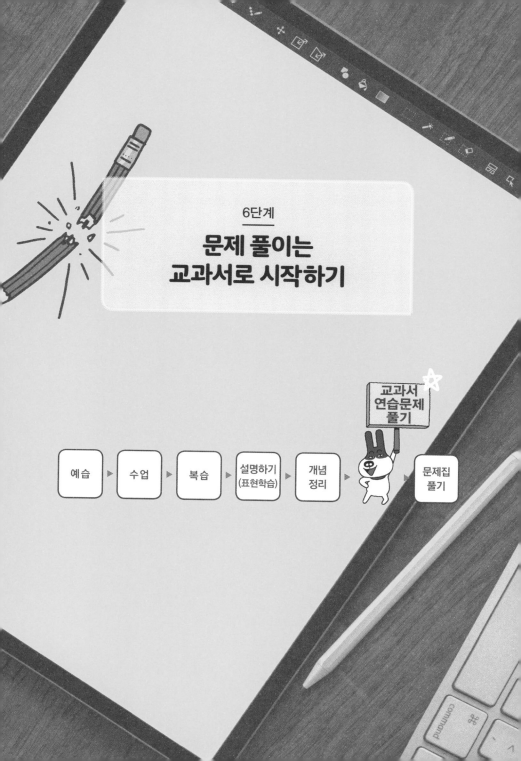

6단계

문제 풀이는
교과서로 시작하기

예습 ▶ 수업 ▶ 복습 ▶ 설명하기
(표현학습) ▶ 개념
정리 ▶ 교과서
연습문제
풀기 ▶ 문제집
풀기

문제 풀이는 교과서 연습문제부터

새로 배운 개념에 대한 이해가 충분하다면 이제 문제를 풀어볼 준비
가 된 것입니다. 거듭 강조하지만 문제 푸는 일에 섣불리 뛰어들지
않기를 당부합니다. 많은 학생이 교과서의 개념이나 원리를 공부하
는 것보다 문제를 푸는 것에 집중하는데, 개념이나 원리를 잘 모르
면서 절차적인 방법만 익혀 문제를 푸는 것으로 수학 공부를 다 했
다고 생각한다면 큰 오산입니다. 이런 공부는 응용능력을 키워주지
못하므로 문제의 조건이 약간만 바뀌어도 풀 수 없는 상태가 되고
맙니다. 특히 심화된 문제는 풀기가 정말 어렵겠지요.

　문제를 푸는 것은 일단 교과서에 나온 연습문제부터 시작합니다.

뒤에 있는 풀이는 가급적 보지 않고 스스로 풀려고 시도합니다. 안 풀리면 세 번 정도 도전해보기 바랍니다. 개념학습이 충분히 된 상태라면 대부분의 문제는 개념을 연결하여 해결할 수 있습니다. 문제를 푸는 방법은 개념학습 2단계에서 공식을 만들어내고 유도하는 과정과 거의 유사합니다. 그래서 공식만 암기하고 끝내는 방식으로 공부해서는 안 되는 것이지요.

문제를 풀었으면 그중 한두 문제에 대해서는 '설명하기'를 시도해야 합니다. 설명 대상, 즉 들어주는 사람은 부모님이나 친구 또는 동생이 될 수 있습니다. 누구인지가 중요한 것이 아니라 설명을 반드시 해야 한다는 것이 중요합니다. 이때 들어주는 사람이 단순히 고개를 끄덕이며 듣기만 해서는 효과가 반감됩니다. 설명 마디마디에 제동을 걸고 왜 그렇게 했는지, 어떻게 그렇게 나오는지 질문해주면 설명하기가 성공할 가능성이 커집니다. 절차적인 문제 풀이를 개념적인 풀이로 바꾸는 것이 질문의 역할입니다. 이렇게 하면 문제 풀이도 개념적인 학습이 됩니다.

교과서 연습문제를 풀고 설명하기까지 끝냈다면 문제 풀이 노트를 작성해볼 차례입니다. 문제를 풀고 넘어가는 것으로는 실력 향상 효과를 기대하기 어렵습니다. 시간이 걸리더라도 하루 한두 문제는 꼭 노트에 정리해야 합니다.

문제 풀이 노트

문제 풀이도 개념적인 정리가 필요합니다. 이 말이 뜬금없다고 생각할 수 있습니다. 도대체 개념적인 정리가 무엇일까요?

먼저, 문제를 다 풀었으면 그 문제를 풀기 위해 사용한 수학 개념을 살펴봅니다. 그래서 그 개념에 대한 정의와 성질을 구분하고 정의는 정확히 암기해서 쓸 수 있는지 확인해야 합니다. 이때 성질이나 공식은 유도하고 증명하는 과정을 다시 반복합니다.

문제 풀이 노트를 쓰는 것이 막막한 학생들을 위해 양식을 만들었는데, 수학 개념정리 노트와 마찬가지로 '최수일의 수학교육연구소' 카페-'개념학습 실천방'-'수학 개념정리 노트'에서 다운로드할 수 있습니다.

자, 이제 교과서 연습문제를 풀어봅시다.

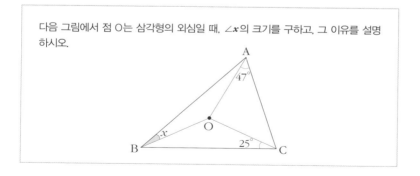

다음 그림에서 점 O는 삼각형의 외심일 때, ∠x의 크기를 구하고, 그 이유를 설명하시오.

이 문제의 답은 18°입니다.

삼각형의 외심은 각 꼭짓점에서 외심까지의 거리가 모두 반지름으로 같습니다. 그러므로 외심에서 각 꼭짓점을 이은 선분과 삼각형의 각 변으로 이루어진 세 삼각형은 모두 이등변삼각형입니다. 이등변삼각형은 양 끝각의 크기가 같으므로 주어진 세 각의 크기의 합은 180°의 절반인 90°입니다.

$25°+47°+\angle x=90°$이므로 $\angle x=18°$입니다. 이게 풀이입니다.

이것을 문제 풀이 노트에 정리해보겠습니다. 오른쪽에 있는 노트를 볼까요? '문제' 칸과 '풀이' 칸에는 보통 수학 노트와 마찬가지로 문제와 풀이를 씁니다. 이 노트의 핵심은 '개념의 정의' 칸과 '공식의 발견' 칸입니다.

오른쪽 '개념의 정의'에는 1단계 개념으로 삼각형의 외심의 뜻, 이등변삼각형의 뜻, 그리고 삼각형의 세 각의 크기의 합이 180°라는 내용을 정리합니다. '공식의 발견'에는 2단계 개념으로 이등변삼각형의 성질을 정리합니다. 이 문제를 푸는 데 사용한 이등변삼각형의 성질은 '두 밑각의 크기가 같다'입니다. 그렇지만 이등변삼각형에는 이 성질 외에도 '꼭지각의 이등분선은 밑변을 수직이등분한다'는 성질이 있으므로 이를 추가합니다. 개념정리 노트에서 강조했듯이, 개념의 정의는 교과서에 나온 그대로를 쓸 수 있는 것이면 됩니다. 성질을 쓸 때는 왜 그런 성질이 나왔는지에 대한 설명이 필요합니다.

지금 공부하는 게 수학 맞습니까?

삼각형의 합동 조건 등을 이용하여 보다 논리적인 설명을 할 수 있어야 하는 것이지요.

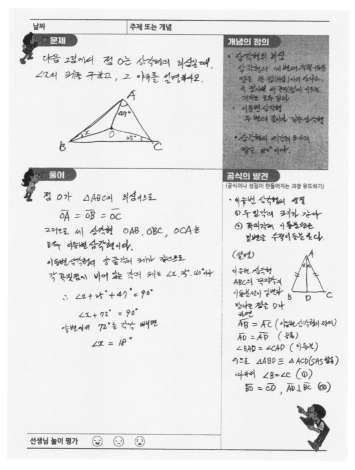

문제 풀이 노트

7단계

문제집 도전하기

예습 ▶ 수업 ▶ 복습 ▶ 설명하기 (표현학습) ▶ 개념 정리 ▶ 교과서 연습문제 풀기 ▶ 문제집 풀기

문제 풀이의 목적은 개념 정리를 강화하는 것이다

교과서 연습문제를 풀고 나서 문제를 더 풀고 싶다면 교과서 수준의 가벼운 문제집을 푸는 것이 좋습니다. 문제를 푸는 목적은 문제 풀이 기술을 익히는 것이 아닌 수학 개념 정리를 보다 강화하는 데 있습니다. 어려운 문제집은 개념의 힘이 보다 강할 때 접하는 것이 좋습니다.

자신의 수준에 맞는 문제집을 찾아라

어떤 문제집이 나의 수준에 맞을까요? 그것은 학생마다 다릅니다.

모두에게 다 좋은 문제집은 없습니다. 저는 7 : 3을 찾으라고 합니다. 7 : 3은 학생 스스로 해결할 수 있는 문제가 70퍼센트, 틀리는 문제가 30퍼센트 정도인 문제집을 말합니다. 이 중 해결할 수 있는 70퍼센트의 문제는 다시 풀어보면서 처음 풀이와 다른 풀이를 찾는 연습을 하고, '설명하기'와 문제 풀이 노트의 대상으로 삼으면 됩니다. 아직 해결하지 못한 30퍼센트의 문제는 이에 도전하는 것으로 공부가 됩니다.

세 번 정도 도전한 후에도 풀지 못한 문제는 풀이를 보는 방법도 괜찮습니다. 단, 풀이를 보고 이해가 된 것 같아도 다시 스스로 풀어보는 과정을 거쳐 최대한 자기 것으로 소화해야 합니다. 풀이 과정을 완전히 이해하지 못한 상태에서 억지로 암기하는 것은 큰 도움이 되지 않는다는 것을 기억합니다. 성적이 중요한 시험을 앞두고 있어 일단 절차적인 방법으로 공부한 경우에도 반드시 복습하며 개념적으로 공부해야 합니다.

고난도 문제집에 도전하기

수학에 대한 내적 동기가 있고, 어려운 문제 풀이에 도전하기를 좋아하는 학생이라면 고난도 문제집을 골라서 풀어도 무방합니다. 단, 수학 경시대회 참가와 입상을 목적으로 고난도 문제집을 푸는 것은 금

물입니다. 흥미를 가지고 문제를 풀다 보면 경시대회에 나가게 되거나 상을 탈 수도 있겠지만, 목적이 분명해야 합니다.

고난도 문제를 풀 때는 문제를 풀고 성취감을 느낄 수 있는 난이도가 가장 이상적입니다. 이런 문제는 하루 1~2개 정도면 충분합니다. 그리고 스스로 풀어내야 합니다.

그런데 어려운 문제를 잘 풀어낸다고 해서 수학적 사고력이 뛰어나다고 볼 수는 없습니다. 어려운 문제를 푸는 절차적 기술만 익힌 것을 수학적 사고력이라고 보기는 어렵기 때문입니다. 수학을 싫어하는데도 올림피아드 대회나 경시대회에서 높은 성적을 내는 학생들이 있습니다. 이런 학생들은 경시대회에 나오는 어려운 문제의 풀이 방법을 통째로 외우는 방식으로 공부했을 확률이 높습니다.

예전에 영재교육원에서 강의를 하고 시험 문제를 낸 적이 있습니다. 사고를 요하는 문제들이지만 유명 문제집에 나오지 않는 형태로 문제를 만들어봤는데, 아주 뛰어나기로 소문난 학생이 꼴찌를 했습니다. 절차적 기술만 익혀 공부해왔기 때문에 낯선 응용 문제를 만나자 실력이 무너진 것이지요. 또 과학고에 근무하던 시절에는 수학 올림피아드 전형으로 입학한 학생 몇 명을 상담했는데, 수학 공부가 너무 싫고 수학도 싫다는 말을 들은 적도 있습니다. 수학 올림피아드 입상 경력으로 대입을 준비하던 학생들이었는데 말이지요.

문제를 풀었지만 설명할 수는 없다?

학생들에게 수학 공부는 문제를 푸는 것으로 인식되어 있습니다. 개념 설명이 제대로 되어 있는 교과서는 뒷전이고 문제집만 풀면 수학 공부가 되는 것으로 생각합니다. 어떤 선생님은 문제를 풀면서 개념을 이해할 수 있다고도 합니다. 문제를 푸는 과정에서 정의와 성질 등을 사용하기 때문에 문제를 풀면 자동적으로 개념을 접한다고 생각하는 것이지요. 하지만 개념 자체가 없는 상태에서 어떻게 문제를 풀 수 있을까요?

고1 태솔이는 문제집에 나온 다음 문제를 풀어 답을 구했습니다.

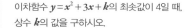

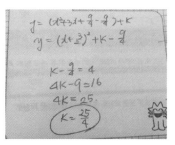

고1 태솔이의 문제 풀이 사례

풀이를 보니 정답이었습니다. 풀이 과정도 틀린 곳이 전혀 없었습니다. 그런데 어떻게 풀었는지 설명해달라고 하자, 태솔이의 얼굴

표정이 점점 굳어가더니 이내 닭똥 같은 눈물을 흘렸습니다. 이 문제는 이차함수의 그래프를 그릴 줄 알아야 하고 아래로 볼록한 이차함수 그래프의 꼭짓점의 y좌표가 최솟값이라는 사실을 알고 풀어야 하는데, 태솔이는 이차함수의 그래프에 대한 이해가 부족하여 꼭짓점 등 이차함수의 핵심 개념을 모르고 있었습니다. 그런데도 최솟값이 주어진 문제에서 미지수 k의 값을 구하는 문제를 풀 수 있었던 것은 태솔이가 이 문제를 푸는 방법을 그냥 암기했기 때문입니다.

태솔이처럼 풀이법을 암기하면 비슷한 문제 몇 개를 맞힐 수는 있습니다. 하지만 조건이 달라지면 벽에 부딪힙니다. 이차함수의 그래프를 그리는 것은 이차함수의 공부에서 아주 중요한 개념인데, 그 개념을 모르는 상태에서 이런 문제를 풀어 답을 맞히는 것이 무슨 의미가 있을까요?

절차적인 학습은 개념을 약화시킨다

삼각형의 세 변의 길이를 모두 알고 있다면 삼각형의 넓이를 구할 수 있을까요? 삼각형의 세 변의 길이를 알 때 그 넓이를 구하는 방법은 헤론Heron의 공식이라는 것으로 구할 수 있습니다.

삼각형 ABC의 세 변의 길이가 a, b, c일 때, $s = \frac{1}{2}(a+b+c)$라 하면 삼각형 ABC의 넓이 S는

$$S = \sqrt{s(s-a)(s-b)(s-c)}$$

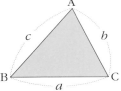

만약 세 변의 길이가 3, 5, 6인 삼각형에서 $s = \frac{3+5+6}{2} = 7$이므로 이 삼각형의 넓이 S는 헤론의 공식에 따라

$$S = \sqrt{7 \times (7-3) \times (7-5) \times (7-6)}$$
$$= \sqrt{7 \times 4 \times 2 \times 1} = 2\sqrt{14}$$

로 계산됩니다. 세 변의 길이가 3, 4, 5인 삼각형은 직각삼각형이 되는데, $s = \frac{3+4+5}{2} = 6$이므로 이 삼각형의 넓이를 헤론의 공식을 이용하여 구하면

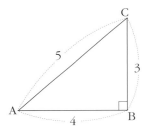

$$S = \sqrt{6 \times (6-3) \times (6-4) \times (6-5)}$$
$$= \sqrt{6 \times 3 \times 2 \times 1} = \sqrt{36} = 6$$

입니다. 이것은 직각삼각형이므로 초등에서 배운 방법으로 구해도 6이 나옵니다.

중학생이 이런 식으로 세 변의 길이가 주어진 삼각형의 넓이를 구하는 문제를 잔뜩 풀었다고 합시다. 그럼 이 학생은 수학 실력이 늘었을까요? 수학 문제 해결능력이 향상되었을까요? 어떤 질문이든

지금 공부하는 게 수학 맞습니까?

긍정적인 대답을 기대하기 어렵습니다. 직업적으로 세 변의 길이가 주어진 삼각형의 넓이를 빨리 구해야 하는 사람이라면 헤론의 공식이 아주 유용할 것입니다. 하지만 그런 직업을 가진 사람이 아니라면, 또는 그런 상황을 맞닥뜨릴 일이 없는 사람에게는 소용이 없을 것입니다.

이처럼 공식을 이용하여 문제를 푸는 공부를 절차적인 학습이라고 했습니다. 개념적인 학습과 비교되는 학습 방법입니다. 절차적인 학습은 주로 성인이 주도하는 선행학습에서 일어납니다. 학교에서 아직 배우지 않은 개념을 한 학기 이상 앞서 배우는 선행학습에서는 개념적인 학습이 일어나기 어렵습니다.

어떤 개념을 처음 배울 때는 이전 개념을 끌어오는 과정이 자기주도적으로 일어나야 하는데, 사교육에서 성인이 학습을 주도하게 되면 개념연결이 자기주도적이지 않으므로 새로운 개념에 대한 이해가 충분할 수 없습니다.

그렇다면 중학교 3학년 때 배우는 이차방정식의 근의 공식은 어떤가요? 이차방정식 $ax^2 + bx + c = 0$의 근은 항상 $x = \dfrac{-b \pm \sqrt{b^2 - 4ac}}{2a}$ 입니다. 이것을 이차방정식의 근의 공식이라고 합니다. 이 공식을 외우고 있으면 모든 이차방정식에 대하여 항상 근을 구할 수 있습니다.

그런데 이런 문제를 100문제 풀고 나면 이차방정식의 근을 구하는 실력이 향상될까요? 100문제를 푸는 동안 이 학생이 무슨 활동을 했는지, 그 활동의 성격이 무엇인지 살펴봅시다. 이차방정식의 근을 구하려면 제곱근을 계산해야 합니다. 모든 이차방정식의 근을 구할 때 그 계산은 제곱근의 계산법칙을 벗어나지 않습니다. 그런데 제곱근의 계산 연습을 이렇게나 많이 할 필요가 있을까요? 이로써 제곱근을 빨리 계산하게 되었을지는 모르지만 이 과정에서 이차방정식의 근의 공식의 가장 핵심 개념인 이차방정식의 근은 왜 항상 $x = \dfrac{-b \pm \sqrt{b^2 - 4ac}}{2a}$ 로 구해지는지에 대한 학습은 한 번도 일어나지 않았습니다. 완전제곱식을 이용하여 근의 공식을 유도하는 과정은 전혀 경험하지 못한 것이지요.

이 유도 과정을 한 번 학습했다고 해도 개념적인 물음에 답하는 활동을 멈춘 채 곱셈 계산에만 몰두했다면 이차방정식의 근을 구하는 데 쓴 시간 동안 오히려 근의 공식을 유도하는 개념은 약화되었을 것입니다. 이런 문제를 100개 푸는 것보다 이차방정식의 근에 대한 개념적인 생각을 한 번 더 하는 것이 필요합니다.

문제를 많이 푸는 것이 능사가 아니다

많은 학생이 문제 푸는 양을 늘리는 데 급급합니다.

정초의 굳은 약속으로 "나는 올해 수학 문제집을 10권 이상 풀겠다!"고 선언합니다. 한 해 동안 10권의 문제집을 푼다니, 엄청난 결심입니다. 2~3권 푸는 것도 대단한데 말이지요.

중간고사를 망친 후에는 이런 약속도 합니다. "두 달 후 기말고사를 대비해서 기출문제 1,000개를 풀 거야!" 두 달에 1,000문제를 풀려면 매일 15문제 이상을 풀어야 합니다. 가능할까요?

실제로 그렇게 공부해내는 학생들이 있습니다. 그런데 이렇게 하면 정말 성적이 오를까요? 오르는 학생도 있고 오르지 않는 학생도 있습니다. 10명 중 2~3명은 성적을 올릴 수 있습니다. 왜냐하면 수학 시험 문제는 기출문제의 수준을 크게 벗어나지 않기 때문입니다. 문제 풀이 방법만 암기해도 성적이 올라갈 가능성이 있는 것이지요.

어쨌든 성적이 올랐으니 수학 실력이 향상된 것 아닐까요? 한 해에 10권의 문제집을 푼다든가, 두 달에 1,000문제를 풀기 위해 어떻게 공부를 했을지 상상해봅시다. 한 문제를 공부하는 데 배당한 시간은 길어봐야 5분을 넘지 못했을 것입니다. 어떤 것은 답이 맞는지 틀리는지만 확인하고 넘어가기도 했을 것입니다. 틀린 문제가 나오더라도 다시 풀어볼 엄두를 낼 수 없었겠지요.

그러니 문제를 많이 푼다고 실력이 늘어나는 것이 아닙니다. 문제를 풀어서 얻는 소득은 내가 그 문제를 풀 수 있는지 없는지 확인하는 것밖에 없습니다. 그리고 지금 풀 수 있는 문제는 다음에 풀어도 풀립니다. 따라서 지금 당장 풀지 않아도 됩니다. 올 한 해 10권을 풀지 않아도 내 실력은 변하지 않습니다. 1,000문제를 풀지 않는다고 해서 실력이 줄어드는 것이 아닙니다.

한 달에 5권씩 수능 기출문제집을 풀어도 등급이 오르지 않는 이유

고3 학생에게 3월에 받은 질문입니다. "선생님, 지난 고2 겨울방학 2월부터 고3 첫 달 모의고사까지 한 달 동안 수능 수학 기출문제집을 5권이나 풀었는데 한 등급도 올리지 못했어요. 왜일까요?" 정말 안타까운 사연입니다. "어떻게 공부했는지는 모르지만 한 달 동안 문제집을 5권이나 풀었다는 것에서 원인을 찾아볼 수 있을 것 같네요. 그렇게 많은 문제를 짧은 기간에 풀었다고 하니 주마간산走馬看山격으로 공부했을 것 같은데, 어땠나요?" 제 질문에 학생은 고개를 끄덕였습니다. 그런 식으로 문제를 풀어서는 실력이 향상되지 않고, 등급 또한 올리기가 어렵습니다.

2017학년도 수능 만점자 3명 중 한 학생은 양적인 부분에 승부를 걸기보다 질적인 공부 방법을 택했습니다. 문제를 풀 때 답만 맞히는 것이 아니라, 본인이 '답안과 해설'을 쓴다는 생각으로 보기 하나하나까지 다른 사람에게 명쾌하게 설명해낼 수 있어야 다음 문제로 넘어갔다고 말했습니다. 문제집 한 권을 최소한 대여섯 차례씩 반복해 보는 것이 예사였으니 풀어본 문제집은 과목당 2~3권을 넘지 않앉지요.

제게 질문한 고3 학생에게도 5권의 문제집 중 가장 마음에 드는 한 권만 남기고, 그 한 권을 다섯 번 반복해서 풀어보라는 조언을 건 넸습니다. 그리고 문제를 풀 때마다 답만 확인하는 것에서 그치지 말고 그 문제를 풀 때 내가 사용한 수학 개념이 무엇인지 꼭 되돌아 볼 것을 잊지 않도록 부탁했습니다.

6월 수능 모의평가 후 학생에게서 연락이 왔습니다. 3월 모의평가 이후 수능 기출문제집을 한 권만 남기고 다섯 번씩 풀었더니 드디어 3등급(15%)에 진입했다는 소식이었습니다. 3월에 저를 찾아왔을 때 만 해도 이 학생의 수학 등급은 5등급이었습니다. 학생에게 5권을 한 번씩 풀 때와 1권을 다섯 번씩 풀 때의 차이를 물었더니, 1권을 세 번 정도 풀었을 때 문제의 조건이 서로 연결되는 것처럼 다가왔 고, 그래서 관련된 문제도 해결할 수 있다는 자신감이 생겼다고 대 답했습니다. 그리고 이미 푼 문제를 다시 볼 때 이전에 푼 방법과 다 른 풀이를 찾으려고 노력한 것이 정말 좋았다는 말도 덧붙였습니다.

문제를 못 풀면 상처가 생긴다

사람은 누구나 문제를 풀지 못하면 상처를 받습니다. 마음이 아프고 답답하지요. 수학 공부 시간이 부담되기 시작합니다. 공부하는 학생

뿐만 아니라 가르치는 선생님들도 그렇습니다. 수학교사인 저도 학생이 문제를 풀어달라고 하면 일단 겁부터 나고 답답한 심정이 됩니다. 문제를 못 풀지도 모른다는 생각, 학생 앞에서 창피를 당할지도 모른다는 생각 등이 겹치는 것이지요.

이 상처는 수학 공부를 거의 하지 않는 학생보다 수학 공부를 많이 하는 학생에게 나타날 확률이 높습니다. 왜냐하면 수학 공부를 많이 하는 학생일수록 수학 문제를 더 많이 풀 것이고, 그만큼 못 푸는 문제 수도 많을 것이기 때문입니다. 이렇게 생각하면 '웃프게도' 수학 공부를 아예 하지 않는 학생에게는 상처가 없을지도 모릅니다.

뇌과학자들에 따르면 수학 시험을 본다는 상상만으로도 뇌의 통증회로가 활성화된다고 합니다. 실제로 시험을 보는 것도 아닌데 시험 보는 것을 상상만 해도 통증이 나타난다고 하니 수학 문제가 주는 학습 고통은 정말 외면할 수 없는 것입니다. 이는 수학 공부를 잘하는 학생이나 수학 공부에 자신이 없는 학생이나 똑같습니다.

한 번 못 푼 문제는 앞으로도 못 풀 가능성이 있다

요즘 학생들은 수학 공부를 하라고 하면 수학 문제를 풀면 되는 것으로 생각합니다. '수학 공부=문제 풀이'라는 공식을 가지고 있지요. 그런데 개념에 대한 이해가 부족한 상태로 수학 문제를 푼다면 못 풀 가능성이 큽니다. 이때 취하는 행동은 대부분 뒤에 있는 풀이집을 보는 것입니다. 문제를 스스로 해결하려고 도전을 거듭하는 학생은 보기 드뭅니다. 해답을 보고 문제 풀이 방법을 알아차린 학생은 그 문제를 푸는 것이 아무것도 아닌 것처럼 착각합니다. 그리고 그 문제를 자기가 처음부터 풀 수 있었던 것처럼 여기고 다시 세심하게 공부하지 않습니다. 처음에 왜 못 풀었는지 되돌아보지 않지요. 절차적인 공부의 문제점이자 한계입니다.

정리하면, 개념적인 이해가 부족한 상태에서는 문제를 제대로 풀지 못하므로 해답을 보게 되는데 그러고 나면 그 문제를 풀 수 있다고 착각하게 됩니다. 그래서 그 문제에 얽힌 개념을 다시 철저하게 학습하는 것을 거부하고 다른 사람의 설명이나 조언도 들으려 하지 않습니다.

그런데 한두 달이나 한 학기 정도 지나서 다시 그 문제를 마주치면 희한하게도 절대 풀리지 않습니다. 그리고 전과 같이 해답을 보면서 또 풀 수 있다고 착각을 하지요. 이때라도 자기가 과거에 공부한 절차적인 방식에 문제가 있다는 것을 깨닫고 개념적인 학습을 제대로 한다면 그 문제를 풀어낼 실력을 갖출 수 있을 것입니다. 하지만 시간과 노력을 들여 개념적인 학습을 하고자 하는 학생은 많지 않습니다.

절차적인 학습이 먼저 일어나면 이후 개념적인 학습을 거부하게 되므로 이제 앞으로는 개념적인 이해가 일어나지 않습니다. 그래서 한 번 못 푼 문제는 계속 못 풀 가능성이 있습니다. 따라서 문제를 푸는 것에 대한 근본적인 생각을 바꾸어야 합니다. 문제는 많이 풀수록 좋은 것이 아니라 제대로 푸는 것이 중요합니다.

문제를 풀기 전에는 반드시 개념적인 이해가 충분해야 합니다. 개념적으로 충분히 이해하지 못한 상태에서 문제를 푸는 것은 의미가 없습니다. 문제를 먼저 풀고 싶더라도 개념적인 이해부터 갖춰야 한다는 사실을 잊지 말아야 합니다. 학교 선생님들이 요즘 학생들을 걱정하면서 전해준 말은 "우리 반 아이들은 문제를 풀려고만 하지 개념이나 원리를 설명하면 듣지를 않는다"는 것입니다. "수학 교과서를 펼치면 문제부터 푼다"고도 합니다. 지금이라도 이런 잘못된 공부 문화를 바꾸려는 노력이 필요합니다. 지금부터 시작해도 늦지 않습니다.

본격적인 공부는 문제를 푼 후부터 시작된다

앞에서 예로 든 수능 만점자의 증언에서 봤듯이 문제를 풀었다고 공부가 끝나는 것이 절대 아닙니다. 문제를 풀어 답을 맞혔는지 확인하고 나면 이제 그때부터 본격적인 수학 공부가 시작된다고 생각해야 합니다. 한국 학생들은 문제 풀이에 익숙하기 때문에 어떤 문제든 절차적으로 풀어냅니다. 하지만 절차적인 풀이는 수학 실력 향상에 도움이 되지 않습니다. 그냥 답을 맞히고 진도를 나가는 재미, 문제집 할당량을 끝냈다는 기분 외에 다른 건설적인 의미가 없습니다. 문제를 푸는 목적은 수학 실력을 쌓기 위함인데, 문제를 풀어 답을 맞히는 것에서 끝나면 수학 실력이 하나도 늘지 않습니다.

수학 실력은 답을 맞히고 난 이후의 과정을 통해 향상됩니다. 따라서 문제 풀이 후에는 그 문제를 푸는 데 사용한 수학 개념이 무엇인지 되돌아봐야 합니다. 그리고 수학 개념의 정의와 성질(공식, 법칙 등)을 구분해서 정리해야 합니다. 그런데 이런 정리는 혼자서 하기 어렵습니다. 누군가 옆에서 질문을 해줘야 합니다. '설명하기'가 필요한 것이지요. 문제 풀이 과정을 설명하는 중간에 설명을 듣는 사람이 절차적으로 문제 푸는 과정을 통제하면서 한 줄, 한 줄 왜 그렇게 풀었는지 질문해주면, 설명하는 학생은 답변하는 과정에서 그 문제에 얽힌 수학 개념을 설명할 수밖에 없습니다. "왜?"라고 질문을 받았을 때 "왜냐하면" 하고 설명을 하려면 개념적인 이해를 갖추고 있어야 하므로 문제를 풀면서 전혀 의식하지 않았던 개념에 대한 회상이 이때 처음으로 일어나게 되는데, 이런 것이 개념적인 문제 풀이입니다.

초등 심화문제집을 푼 경험은 중·고등학교 수학 공부에 쓸모가 없다

상우는 초등 5학년 때 심화사고력 학원에 다니기 시작했습니다. 학원에서는 일주일에 세 번씩 심화사고력 문제집을 풀었습니다. 학원에서 내주는 엄청난 숙제를 하느라 학교 수업은 뒷전이었습니다. 심화사고력 문제집을 풀면 수학 사고력이 자라고 중학교에 갔을 때 어려운 공부를 보다 쉽게 할 수 있다는 학원 원장님 말에 따라 한 번도 빠지지 않고 수업을 들었습니다. 심화사고력 문제는 교과서의 내용보다 훨씬 많은 것을 알아야 하는 경우도 있는데 그때는 풀이 과정을 모두 외워버리기도 했습니다. 상우는 중학교에 입학하여 첫 시간에 소인수분해를 배웠습니다. 약수, 배수와 연결되는 것 같았는데 약수가 뭔지 배수가 뭔지 도통 기억나지 않았습니다. 그래서 첫 시간부터 수업에 집중할 수 없었고, 결국 다시 공부방 선생님의 도움을 받게 되었습니다. 그동안 많은 시간을 쏟았던 심화사고력 문제는 소인수분해를 공부하는 데 아무런 도움이 되지 않았고, 오히려 심화사고력 문제집을 푸는 동안 소홀히 했던 초등수학 교과서 내용을 제대로 알지 못하는 것이 문제가 되었습니다. 그리고 중학교 1학년 1학기를 마칠 즈음 상우는 자기에게 초등수학 개념이 하나도 없음을 깨달았습니다. 그렇지만 이미 학교 수업을 소홀히 하고 학원에 의존하는 습관이 들어 있었고 이는 쉽사리 고쳐지지 않았습니다. 날마다 스트레스가 쌓여갔습니다.

지금 공부하는 게 수학 맞습니까?

많은 학생이 심화문제집을 꼭 풀어야 하는지 묻습니다. 그렇게 물어오는 학생들에게 비율에 대해서 아는 것을 다 말해보라고 했을 때, 비율의 뜻과 비의 성질, 비례식을 성질을 정확하게 설명하는 학생을 보기 어렵습니다.

개념에 대한 이해가 제일 중요하다고 하면서 옆에서는 개념에 대한 이해 없이 심화문제집을 푸는 것이 현실입니다. 그러나 심화문제집을 풀면서도 개념이 부족한 것은 심각한 문제입니다. 초등 심화문제집에서 원하는 문제 풀이 기술이 있는데, 그것은 교과서에서 배우는 것이 아닌 것이 많아 이후 중학교 수학에 연결되지 않습니다. 오직 초등에서 그 문제를 푸는 데만 필요한 기술이지요. 마찬가지로 중학교 수학에도 어려운 문제집이 있는데, 그 안에 나오는 문제 역시 풀이 기술이 교과서와 무관한 것이 많습니다. 당연히 고등학교 수학 공부에도 별 소용이 없습니다.

상급학교에서 선생님들이 원하는 것은 하급학교 수학 개념에 대한 철저한 이해입니다. 초등학교에서 약수와 배수를 배웠다면 중학교에서 소인수분해를 배울 때 약수와 배수의 개념을 정확히 기억하고 설명할 줄 알아야 하는데, 실제로는 많은 학생이 기억조차 못 합니다. 중학교에서 이차방정식의 근의 공식이나 인수분해를 배웠다면 고등학교에서 이차방정식의 판별식을 배울 때 필요한 개념을 배경지식으로 갖추고 있어야 하는데, 그런 개념이 없는 경우가 많습니다. 고등학교 선생님들은 중학교에서 문제를 풀어 답을 맞힌 성적을 원하는 것이 아니라 중학교 수학 개념에 대한 이해를 원합니다. 그래야 고등학교 수학 수업을 소화할 수 있기 때문입니다.

영어 공부에 영어사전이 필요하듯이
수학 문제 풀이에도 수학사전이 필요하다

언젠가 영어 수업을 컨설팅한 적이 있습니다. 수업 중간에 학생들이 모르는 단어 등을 찾을 수 있도록 교탁 옆 공간에 영어사전을 비치해두었는데, 학생들이 어떤 문장을 스스로 해석하고 문제를 해결하기 위해 수시로 영어사전을 가져다가 참고하는 것이었습니다. 영어 단어의 뜻을 몰라서 선생님에게 물어보는 학생이 없었습니다. 그때의 경험으로 유아부터 고등까지 '개념연결 수학사전' 시리즈를 완성했습니다.

수학 문제에서 주어진 조건 안에는 반드시 수학 개념이 있습니다. 조건에 나오는 수학 개념을 정확히 모르면 문제를 풀 수가 없습니다. 그래서 친구나 선생님에게 묻지요. 약수가 무엇이고 비율이 무엇인지, 방정식의 해는 또 무엇인지, 이차함수의 그래프를 어떻게 그리는지, 이차방정식의 근과 계수의 관계가 무엇인지. 그런데 혼자서 공부할 때는 이런 질문을 받아줄 대상이 없습니다. 누가 있더라도 영어 공부 때와 마찬가지로 수학사전이 있다면 일차적으로 다른 사람에게 질문할 것 없이 자기가 직접 수학사전을 찾아 개념적인 설명을 읽고 문제를 해결할 수 있습니다. 스스로 사전을 읽고 개념을 이해했다면 그 이해는 자기 것이 됩니다. 그런 의미에서 수학사전은 수학 문제 풀이에도 필수적입니다. 수학사전을 옆에 놓고 자주 찾아 보면 그때마다 복습이 되는 효과도 있습니다. 중학생은 『개념연결 중학수학사전』 외에 『개념연결 초등수학사전』도 필요합니다. 고등 학생은 전 과정이 다 필요할 것입니다.

방학 중 복습과 예습은
어떻게 할까?

방학 중 복습하기

평상시 학기 중에는 복습과 예습의 비를 3 : 1 정도로 잡습니다. 여기서 3 : 1은 시간의 비입니다. 즉, 예습을 1시간 하려면 복습은 3시간을 해야 합니다. 그만큼 복습이 중요하다는 것입니다. 수학에서 기초가 중요하다는 말은 거듭 강조해도 지나치지 않습니다.

방학에는 복습과 예습의 비가 1 : 1 정도면 적당하지만 지난 학기학습이 충분하면 예습 위주로, 지난 학기 학습이 많이 부족하면 복습 위주로 공부해야 합니다.

우선 지난 학기에 배운 교과서 각 내용의 학습 주제를 1차 목록으로 작성합니다. 교과서를 덮은 상태에서 목록만 보고 그 주제에 관해 학습한 내용(뜻과 성질)을 기억나는 대로 노트에 기록합니다. 자신이 기록한 내용과 교과서의 실제 내용을 비교해서 부족한 주제만 다시 추리는 방법으로 2차 목록을 작성합니다. 며칠 동안 부족한 것을 충분히 공부한 다음, 2차 목록에 적힌 주제에 관해 학습한 내용을 노트에 기록합니다. 교과서와 비교하여 부족함이 없을 때까지 비교하고 다시 쓰는 작업을 계속합니다. 드디어 부족한 것이 없으면 복습이 완성됩니다.

실제 중학교 2학년 1학기를 마친 여름방학에 복습하는 상황을 한번 살펴보겠습니다.

다음은 교과서를 보고 만든 1차 목록입니다.

1단원 유리수와 순환소수
순환소수
유한소수가 되는 유리수
순환소수가 되는 유리수
순환소수의 분수 표현
유리수와 순환소수 사이의 관계

2단원 식의 계산
지수법칙
다항식의 덧셈과 뺄셈
다항식의 곱셈과 나눗셈

3단원 일차부등식과 연립일차방정식
부등식과 그 해
부등식의 성질
부등식의 풀이
일차부등식의 풀이

4단원 일차함수와 그래프
함수의 뜻
함숫값
일차함수의 뜻
일차함수의 그래프
x절편과 y절편
일차함수의 그래프의 기울기
일차함수의 그래프의 성질
일차함수의 식 구하기

이 목록에 대하여 노트에 정리한 것을 교과서와 비교하고 부족한 주제만 남겨 작성한 2차 목록입니다.

1단원 유리수와 순환소수 　순환소수가 되는 유리수 　유리수와 순환소수 사이의 관계	**3단원 일차부등식과 연립일차방정식** 　부등식의 성질 　일차부등식의 풀이
2단원 식의 계산 　다항식의 곱셈과 나눗셈	**4단원 일차함수와 그래프** 　일차함수의 그래프 　x절편과 y절편 　일차함수의 그래프의 성질

학습 주제에 관해 개념적인 정리가 다 되었으면 시간이 허락하는 범위에서 교과서에 있는 문제를 풀어봅니다. 문제집까지 별도로 풀 필요는 없습니다. 문제를 푸는 목적은 답을 구할 수 있는지 확인하기 위해서가 아니라 정리된 개념을 적용해보기 위해서입니다. 정리된 개념을 문제 풀이에 적용하면 개념 이해가 더욱 강화될 수 있습니다.

방학 중 예습하기

복습이 끝난 후에 예습을 시작합니다. 복습과 예습을 같이 진행하는 것은 집중력이 떨어져서 효과적이지 않습니다. 먼저, 새 학기 교과서의 내용을 읽어가면서 스스로 이해해봅니다. 남의 도움을 받고 싶더라도 우선 교과서를 천천히 읽으면서 각각의 내용에 대한 본인의 생각을 정리해봅니다. 메타인지적으로 자기가 아는 것과 모르는 것을 정확히 구분한 후에는 방학 기간 안에 인터넷 강의 등 타인의 도움을 잠시 받을 수 있습니다.

중학교 2학년 2학기 예습을 한번 살펴보겠습니다.

2학기는 '5단원 삼각형과 사각형의 성질'을 배우는 것으로 시작됩니다.

교과서에는 새로운 단원에 필요한 과거 개념을 먼저 확인하는 코너가 있습니다. 삼각형을 이등변삼각형, 정삼각형, 직각삼각형으로 분류하기, 평행선에서 동위각과 엇각에 관한 성질, 삼각형의 합동 조건, 삼각형의 내각의 크기의 합과 외각의 크기의 합 등에 관한 문제를 반드시 풀어보고 다 알고 있는지 확인해야 합니다.

이제 본문으로 들어가면 이등변삼각형의 성질이 나옵니다. 종이를 오려서 이등변삼각형을 만들고 '이등변삼각형의 두 밑각의 크기는 같다'는 성질을 확인합니다. 이 성질은 초등학교에서도 배운 것인데 중학교에서는 논리적으로 설명하는 것까지 학습하게 됩니다. 그래서 교과서 설명을 읽어보면 중1에서 배운 삼각형의 합동 조건을 이용하여 이등변삼각형의 두 밑각의 크기가 같다는 성질을 설명하고 있습니다. 성질이 새로운 것도 아니고 삼각형의 합동 조건을 다 알고 있다면 교과서의 설명을 간단히 이해할 있습니다. 이번에는 '이등변삼각형에서 꼭지각의 이등분선은 밑변을 수직이등분한다'는 새로운 성질이 나옵니다. 이 성질 역시 삼각형의 합동 조건만 알면 충분히 이해할 수 있습니다. 이 정도 공부하면 이등변삼각형의 성질에 대한 예습이 끝납니다. 학교에서 배우지 않아도 교과서를 정독하는 것으로 이해할 수 있습니다.

만일 예습에서 이해한 것이 있다면 그 부분에 대해서 '설명하기'를 진행하는 것이 효과적입니다. 예습한 내용을 다른 사람(부모님 또는 친구, 동생 등)에게 설명하는 기회를 가져보세요. 설명하다가 걸리는 부분이 있으면 다시 공부하고, 하루 정도 지난 후 설명하는 것이 좋습니다. 공부한 직후 설명하면 머릿속에 남아 있는 것을 활용하게 되므로 해당 내용이 자기 것이 되었는지 확실하게 알기 어렵습니다.

예습에서 새로운 개념을 이전 개념과 잘 연결하여 마침내 이해하게 되었다면 이때는 교과서 본문에 있는 문제를 풀어볼 수 있습니다. 그 이상의 연습문제나 종합문제까지 푸는 것은 시도하지 않아도 됩니다. 새 학기가 시작되면 방학 중 예습은 다시 학기 중 예습으로 연결됩니다.

예습이나 복습 모두 교과서를 소재로 삼아야 합니다. 수학 공부를 한다는 것은 결국 개념을 익히는 것인데, 개념 공부에 있어서는 교과서보다 정확한 것이 없습니다. 교과서 외의 문제집은 개념이 설명되어 있지 않거나 반대로 너무 장황한 스토리와 함께 설명되어 있습니다. 따라서 예습, 복습은 문제집보다 교과서가 더 효과적입니다. 수학을 좋아하지 않는 학생들 중에 문제 푸는 것만은 좋아하는 경우가 있는데, 예습이든 복습이든 문제 풀이보다 개념 이해에 집중해야 합니다. 문제를 푸는 것은 개념의 힘이 아니어도 문제를 푸는 기교나 공식만으로 가능하기 때문에 문제가 풀리면 마치 개념을 이해한 것으로 착각할 수 있습니다.

실전 사례

초·중·고 수학은
모두 연결되어 있다

최소한의 개념으로 최대한의 연결을

자기주도적인 공부를 시작했다가도 어느 순간 무너지는 학생이 많습니다. 개념적인 공부가 약해지고 절차적인 공부 습관에 강하게 물들면 그렇게 됩니다. 남의 도움을 받지 않고 혼자 공부한다고 해서 자기주도학습이 성공적으로 지속될 것이라는 보장은 없습니다. 자기주도학습이 지속되려면 그 공부 방법이 개념적이어야 합니다. 개념적이지 않고 절차적인 방법으로 문제 풀이에 집중하면 하루에 아무리 많은 양의 문제를 푼다고 해도 곧 한계에 부딪히고 막히는 부분이 늘어날 것입니다. 개념적인 이해가 부족하기 때문에 풀 수 있는 문제가 점점 줄어들지요. 혼자서 자기주도학습을 지속하려면 그만큼 개념이해능력이 뒷받침되어야 합니다. 개념적인 이해의 양이

늘어나면 이에 비례해서 자기주도능력도 커집니다. 개념적인 이해
는 개념 사이의 연결을 기반으로 하기 때문입니다.

　수학 개념 중 핵심 개념은 최소한으로 만들어야 합니다. 그리고 이
핵심 개념에서 유도되는 연결 개념을 많이 만들수록 효과적입니다.
'하나를 가르치면 열을 안다'는 속담이 생각납니다. 개념적인 학습과
어울리는 말입니다. 반면에 '하나만 알고 둘은 모른다'는 속담도 있
지요. 이것은 절차적인 학습에 견줄 수 있는 말입니다.

　수로 말하면 자연수 1이 시작 개념입니다. 다른 수는 모두 1로부
터 만들어집니다. 1과 사칙연산만 있으면 모든 수를 만들 수 있습니
다. 수를 만드는 핵심 개념은 1 하나뿐입니다. 1과 사칙연산을 이용
하여 모든 자연수를 만들 수 있었고, 분수와 소수도 생겨났습니다.
중학교에 와서는 음수를 만들었고 유리수와 무리수도 만들었습니
다. 고등학교에서는 허수를 만들어 복소수를 완성합니다.

　측정에서는 1cm만 있으면 모든 길이를 잴 수 있습니다. 1cm를 단
위길이라고 하지요. 각의 크기는 직각 개념으로 시작해서 1°를 만들
고 이것으로 모든 각도를 잴 수 있습니다. 삼각형의 세 각의 크기의
합이 180°라는 것만 정하면 모든 다각형의 내각의 크기의 합을 구하
는 일반적인 공식도 만들어집니다.

　최소한의 개념으로 최대한의 연결을 하면 하나로 10개, 20개를 만
들 수 있습니다. 이해해야 하는 것은 최소한의 개념이고 나머지는
다 연결을 통해 파생됩니다. 이것이 수학 개념의 효율성입니다.

고등학교에 가면 수학에 새롭고 생소한 개념이 많이 나온다고 해서 수학을 점점 어려워하는 학생들이 있습니다. 그렇지만 새로 나온 개념을 이미 알고 있는 개념에 비추어 비슷한 점을 발견하게 되면 더 이상 생소하지 않을 것입니다. 고등학교 수학에 순수하게 새로 나오는 것은 몇 가지 되지 않습니다. 따라서 초등학교나 중학교 수학 개념에 대한 이해를 튼튼하게 다지지 않은 상태에서 문제만 많이 푸는 것은 자칫 공부하는 고통만 더할 가능성이 있습니다. 수학을 좋아하는 학생들이 공통으로 "수학은 외울 것이 없어서 좋다"고 말하는 이유를 살펴볼 필요가 있지요. 반대로 수학을 어려워하는 학생은 "수학은 공부할 것이 너무 많아서 막막하다"고 합니다. 이는 공부하는 방법에 차이가 있기 때문입니다.

이제 초·중·고의 수학 개념이 어떻게 연결되어 있는지 몇 가지 예시를 통해 살펴보겠습니다.

유리수의 사칙연산의 기본은 덧셈이다

초등학교 시절에 공부한 자연수의 사칙연산을 정리해보면, 그 기본이요 시작은 덧셈이었습니다. 7-5와 같은 뺄셈은 5와 더해서 7이 되는 수를 찾는 것이므로 덧셈의 역으로 봅니다. 따라서 덧셈의 원리만 정확하게 이해하면 뺄셈은 덧셈으로 해결할 수 있습니다.

자연수의 곱셈은 똑같은 수를 반복해서 더하는 개념입니다. 그러므로 곱셈도 덧셈의 개념을 사용합니다. 또 나눗셈은 똑같은 수를 반복해서 빼는 개념입니다. 뺄셈의 개념을 사용합니다. 그런데 나눗셈은 곱셈의 역으로 볼 수도 있습니다. 나눗셈도 곱셈의 개념을 사용하는 것이지요. 이렇게 사칙연산 전체를 보더라도 결국 그 핵심이자 시초는 덧셈임을 알 수 있습니다.

이것이 중학교에 와서는 어떻게 정리가 될까요? 중학교에서 처음 마주치는 유리수의 사칙연산 역시 그 기본은 덧셈입니다. 그러므로 원리적으로 충분히 이해해야 할 것은 덧셈뿐입니다.

정수와 유리수의 덧셈
❶ 부호가 같은 두 수의 합은 두 수의 절댓값의 합에 공통인 부호를 붙인 것과 같다.
❷ 부호가 다른 두 수의 합은 두 수의 절댓값의 차에 절댓값이 큰 수의 부호를 붙인 것과 같다.

복잡하지만 충분히 이해해야 합니다. 절댓값과 관련하여 유리수의 덧셈의 개념을 설명할 수 있어야 합니다. 그런데 유리수의 뺄셈을 보세요.

정수와 유리수의 뺄셈

두 수의 뺄셈은 빼는 수의 부호를 바꾸어 덧셈으로 고쳐서 계산한다.

간단합니다. 유리수의 뺄셈은 덧셈과 같이 경우를 나누어 설명할 필요가 없습니다. 뺄셈을 하는 규칙이 따로 없습니다. 뺄셈이 나오면 빼는 수의 부호를 바꾸어 덧셈으로 고치면 됩니다. 그러면 덧셈의 규칙을 적용할 수 있습니다. 수학에서는 공식을 최소화해야 합니다. 그것이 수학의 매력입니다. 덧셈은 다른 것으로부터 만들 수 없으니 정확하게 만들어야 합니다. 하지만 뺄셈까지 정확하게 만들 필요는 없습니다. 덧셈의 힘을 이용하면 됩니다. 그것이 개념연결입니다.

성수는 수업 시간에 유리수의 뺄셈을 배우면서 덧셈으로 고쳐 계산하는 이유를 받아들이기보다 수직선으로 문제를 해결하려고 했습니다. 그리하여 두 수의 뺄셈 $-3-(+2)$를 수직선에서 두 점 사이의 거리로 생각한 결과 다음과 같이 답을 구하고 말았습니다.

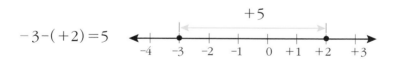

$$-3-(+2)=5$$

유리수의 뺄셈은 빼는 수의 부호를 바꾸어 덧셈으로 고쳐서 계산해야 함을 충분히 이해해야 합니다.

직선의 기울기

기울기는 직선에서 x의 값의 증가량에 대한 y의 값의 증가량의 비율이라고 정의됩니다. 그런데 왜 이 정의가 공식으로 표현될 때는 $\frac{(y의\ 값의\ 증가량)}{(x의\ 값의\ 증가량)}$이 될까요? 아무도 의심하지 않고 공식으로 기울기를 외우고 있습니다. 여태껏 기울기를 구하는 공식이 어떻게 나왔는지 유도하거나 설명하는 학생을 본 적이 없습니다. 기울기를 구할 줄은 알지만 왜 그것을 기울기라고 하는지 모르는 것이지요.

$$y = \boldsymbol{a}x + b$$
$$\uparrow$$
$$기울기$$

일반적으로 일차함수 $y = ax + b$에서 x의 값의 증가량에 대한 y의 값의 증가량의 비율은 항상 일정하며, 그 비율은 x의 계수 a와 같다.

이 증가량의 비율 a를 일차함수 $y = ax + b$의 그래프의 기울기라고 한다. 이상을 정리하면 다음과 같다.

일차함수의 그래프의 기울기

일차함수 $y = ax + b$의 그래프에서 $(기울기) = \dfrac{(y의\ 값의\ 증가량)}{(x의\ 값의\ 증가량)} = a$

기울기가 비율의 개념을 사용하고 있으므로 일단 초등에서 배운 비율의 개념을 정확히 연결해야 합니다. 하지만 중학생 중에 비율 개념이 정확히 남아 있는 학생을 거의 볼 수 없습니다. 비율은 기준량에 대한 비교하는 양의 크기입니다. 그러면 기울기에서 왜 x의 값의 증가량이 기준량이 되는 것일까요? y의 값의 증가량을 기준량으로 생각하면 어떤 문제가 있을까요? 이런 것을 공부하는 것이 개념적인 공부입니다. 아직도 비율 개념이 충분하지 않다면 6학년 교과서나 『개념연결 초등수학사전』을 펼치고 비율에 대해서 정확히 복습한 다음, 기울기를 공부하기 바랍니다.

신영이는 직선의 방정식 $y=ax+b$에서 a를 기울기로 암기했다. 그런데 다음 문제를 풀 때 답을 구할 수가 없었다.

평면 위의 서로 다른 세 점
A$(1, k)$, B$(k, k-2)$, C$(-k+1, k+4)$가 동일 직선 위에 있을 때, 상수 k의 값을 구하시오.

신영이는 직선의 방정식을 구하는 공식도 암기하고 있었다. 그래서 두 점 A, B를 지나는 직선의 방정식을 구하고 점 C를 대입했다. 그랬더니 k의 값이 -2와 2, 2개가 나왔다.

$$y-k=\frac{k-2-k}{k-1}(x-1)$$

$$y=\frac{-2}{k-1}(x-1)+k \qquad k+4=\frac{-2k}{k-1}+k \qquad k^2+3k-4-3k=0$$

$$k+4=\frac{-2}{k-1}(-k+1)+k \qquad (k+4)(k-1)=3k \qquad (k^2-4)=0$$

$$(k+2)(k-2)=0$$

$$\boxed{k=2, k=2}$$

그런데 옆자리 친구 미선이는 아주 간단하게 $k=2$라는 답을 구했다. 정답이었다. 신영이는 k의 값이 왜 2 말고 -2도 나왔는지 고민해봤지만 아무리 아무리 생각해도 설명할 길이 없었다. 미선이는 직선이라는 조건에서 기울기를 생각했던 것인데 특히 기울기의 정의를 충분히 이해하고 있었기 때문에 개념적으로 문제를 해결할 수 있었다.

$$\frac{-2}{K-1} = \frac{6}{1-2K} \qquad \begin{aligned} 6K-6 &= -2+4K \\ 2K &= 4 \\ K &= 2 \end{aligned}$$

삼각비는 닮음 개념에서 시작한다

다음 삼각형에서 sin27°의 값이 가장 큰 것은 어느 것일까요?

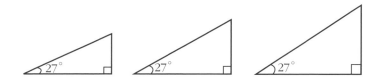

제일 큰 삼각형일까요, 제일 작은 삼각형일까요? 어느 것인지 헷갈린다면 여러분에게는 삼각비의 개념이 없는 것입니다. '한 예각의 크기가 같은 직각삼각형은 크기와 관계없이 대응하는 변의 길이의 비가 일정하다'는 것이 삼각비의 핵심 개념입니다.

일반적으로 ∠B=90°인 직각삼각형 ABC에서 ∠A의 크기가 정해지면 직각

삼각형의 크기와 관계없이 $\dfrac{BC}{AC}$, $\dfrac{AB}{AC}$, $\dfrac{BC}{AB}$의 값은 일정하다.

삼각비의 뜻

∠B=90°인 직각삼각형 ABC에서

$$\sin A = \dfrac{a}{b}$$

$$\cos A = \dfrac{c}{b}$$

$$\tan A = \dfrac{a}{c}$$

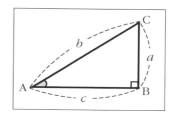

한 예각의 크기가 같은 직각삼각형은 크기와 관계없이 대응하는 변의 길이의 비가 왜 일정할까요? 여기에 연결되는 개념은 닮음입니다. 한 예각의 크기가 같은 직각삼각형은 세 각의 크기가 모두 같기 때문에 삼각형의 닮음 조건에 따라 모두 닮은 삼각형이 됩니다.

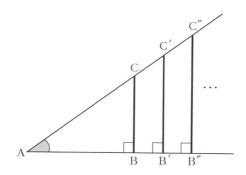

그리고 이들 사이에서는 닮은 도형의 성질이 연결됩니다.

평면도형에서 닮음의 성질

닮은 두 평면도형에서

❶ 대응하는 변의 길이의 비는 일정하다.

❷ 대응하는 각의 크기는 각각 같다.

닮은 도형의 성질에서 삼각비의 개념이 만들어지는데 삼각비는 알면서 닮음과의 관계는 모른다면 이는 삼각비를 모르는 것이나 다름이 없습니다. 닮은 도형 사이에서는 대응하는 변의 길이의 비가 일정하기 때문에 삼각형의 크기에 관계없이 $\sin 27°$의 값이 일정합니다.

그런데 닮은 도형에서 대응하는 변의 길이의 비가 일정한 이유가 무엇일까요? 그 이유는 비율에서 찾아야 합니다. 다시 초등으로 연결됩니다. 이렇듯 개념의 연결은 중·고등학교 모든 수학 개념에서 일어납니다.

닮음 개념은 왜 곱셈이나 나눗셈 상황에서 생각할까

다음은 『수학의 발견』 중2 과정에 나오는 문제입니다.

지금 공부하는 게 수학 맞습니까?

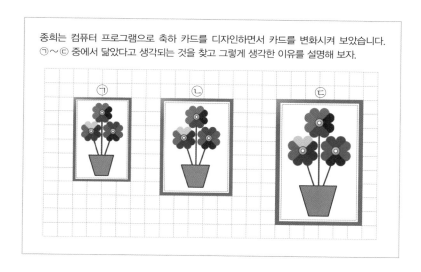

종희는 컴퓨터 프로그램으로 축하 카드를 디자인하면서 카드를 변화시켜 보았습니다. ㉠~㉢ 중에서 닮았다고 생각되는 것을 찾고 그렇게 생각한 이유를 설명해 보자.

가로와 세로의 길이의 비가 4 : 6, 5 : 7, 6 : 9인 카드 중에서 서로 닮았다고 생각되는 것을 찾고, 그렇게 생각한 이유를 설명하는 문제입니다. 4 : 6과 5 : 7 사이에서는 +1이라는 덧셈적 증가를 볼 수 있고, 4 : 6과 6 : 9 사이에서는 ×1.5라는 곱셈적 증가를 볼 수 있습니다. 결국 이 질문은 닮음의 개념을 덧셈적(또는 뺄셈적) 증가로 보는 것이 타당한지, 곱셈적(또는 나눗셈적) 증가로 보는 것이 타당한지를 묻는 것입니다. 헷갈리지요?

비比의 정의는 초등학교 6학년 1학기에서 다루고 있습니다. 비에서는 두 수 또는 두 양의 크기를 비교比較하는데, 두 수 사이에 얼마만큼 차이가 있는지를 비교할 것인가, 두 수 사이에 몇 배 차이가 있는지를 비교할 것인가가 관건입니다. 6 : 3이라고 하면 6이 3에 비해서 3만큼 크다고 볼 수도 있고, 6이 3보다 2배만큼 크다고 볼 수도 있기 때문에 비의 관점을 정할 필요가 생깁니다.

예를 들어, 축구 경기에서 6 : 3이라는 스코어는 한 팀이 다른 팀보다 3골 많이 넣었다는 의미와 한 팀이 다른 팀보다 2배 많이 넣었다는 의미로 해석할 수 있는데, 축구 경기 스코어는 차이로 보는 것이 타당합니다. 왜냐하면 2배라는 개념으로 보면 6 : 3은 2 : 1과 같기 때문입니다. 이긴 팀으로서는 3골 차이가 졸지에 1골 차이로 돌변하게 되니, 억울하겠지요.

두 수 또는 두 양의 비를 얼마만큼의 차이로 볼 것인가, 몇 배 차이로 볼 것인가에 대하여 『초등학교 수학 6-1 교사용 지도서』에는 다음과 같이 설명되어 있습니다.

> 먼저 두 양의 크기를 뺄셈(절대적 비교, 가법적 비교)과 나눗셈(상대적 비교, 승법적 비교) 방법으로 비교해봄으로써 두 양의 관계를 이해하고 두 양의 크기를 비교하는 방법을 이야기해보게 한다. 이를 통해 비의 뜻을 알고 두 수의 비를 기호를 사용하여 나타내고 실생활에서 비가 사용되는 상황을 살펴보면서 비를 구해보는 활동을 전개한다.

초등학교 6-1 교과서에서는 2가지 비교 방법을 모두 제시하면서 비의 개념을 선택하는 과정을 거칩니다.

모둠 수에 따른 준비하는 사람 수와 판매하는 사람 수를 비교해 봅시다.

●모둠 수에 따른 준비하는 사람 수와 판매하는 사람 수에 맞게 표를 완성하세요.

모둠수	1	2	3	4	5	......
준비하는 사람 수(명)	6	12	18	24	30	......
판매하는 사람 수(명)	3	6				......

●모둠 수에 따른 준비하는 사람 수와 판매하는 사람 수를 뺄셈으로 비교해 보세요.
●모둠 수에 따른 준비하는 사람 수와 판매하는 사람 수를 나눗셈으로 비교해 보세요.
●뺄셈으로 비교한 경우와 나눗셈으로 비교한 경우는 어떤 차이가 있는지 이야기해 보세요.

이렇게 뺄셈과 나눗셈으로 비교해야 하는 상황을 경험하게 하고 다음과 같이 비의 정의를 내립니다.

두 수를 나눗셈으로 비교하기 위해 **비**로 나타냅니다. 두 수 3과 2를 나눗셈으로 비교할 때 기호 :을 사용하여 3:2라 쓰고 **3 대 2**라고 읽습니다. 3 : 2는 "3과 2의 비", "2에 대한 3의 비", "3의 2에 대한 비"라고도 읽습니다.

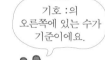

기호 :의 오른쪽에 있는 수가 기준이에요.

비는 뺄셈(또는 덧셈)으로 비교하는 상황이 아니라 나눗셈(또는 곱셈)으로 비교하는 상황을 나타내기 위한 것으로 명확하게 정의하고 있습니다. 이런 의미에서 여러 가지 경기의 스코어를 비로 나타내는 것은 비의 정의에 맞지 않아 혼란을 일으킵니다. 경기 스코어를 '몇 대 몇'으로 나타내는 관행을 바꿔야 할지 논의가 필요합니다.

다시 중학교 2학년 닮음으로 가볼까요? 닮음의 도입 상황에서도 초등학교 비의 도입 상황과 마찬가지로 두 수의 비를 뺄셈으로 비교할지, 나눗셈으로 비교할지가 논란이 되어야 하는데 대부분의 교과서는 닮음을 바로 정의하고 있습니다. 초등학교와 달리 뺄셈과 나눗셈 사이의 경험을 제공하지 않고 바로 '한 도형을 일정한 비율로 확대 또는 축소한 것이 다른 도형과 합동이 될 때, 이 두 도형은 서로 닮음인 관계에 있다고 한다'고 정의해버리지요. 우리는 이를 바로 받아들이기보다 초등학교 비의 개념과 중학교 닮음비의 개념 사이의 연결을 통해서 이해해야 할 것입니다.

다항식의 나눗셈은 왜 내림차순으로 쓸까

여러분이 눈여겨보지 않아서 의식하지 못했겠지만 고1에서 다항식의 나눗셈을 할 때는 항상 내림차순으로 써서 계산합니다. 왜 오름차순으로 쓰지 않고 꼭 내림차순으로 쓸까요?

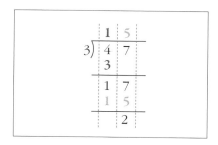

$$x-2 \overline{)\begin{array}{l} 2x^2 +5 \\ 2x^3 - 4x^2 + 5x - 2 \\ \underline{2x^3 - 4x^2} \\ 5x - 2 \\ \underline{5x - 10} \\ 8 \end{array}}$$

다항식의 나눗셈을 하기 위해서는 차수가 높은 항부터 나눠야 하기 때문입니다. 차수가 낮은 항부터 나누면 몫을 어림하기 어렵습니다. 이러한 내용은 중학교 개념과 연결되는 부분은 없지만 초등학교 나눗셈과 직결됩니다.

초등학교에서 나눗셈을 할 때 자리가 큰 수부터 계산했지요. 고등학교에서 다항식의 나눗셈을 할 때도 차수가 높은 항부터 나눗셈을 해야 하기 때문에 내림차순으로 쓴 것이지요. 초등학교에서는 왜 자리가 큰 수부터 나눗셈을 했을까요? 이런 것을 고민하는 것이 개념학습입니다.

다항식의 나눗셈에서 나머지는 왜 나누는 식보다 차수가 낮아야 할까

일반적으로 다항식 A를 다항식 $B(B \neq 0)$로 나누었을 때의 몫을 Q, 나머지를 R라 하면 다음이 성립합니다.

$$A = BQ + R$$

단, Q와 R도 다항식이고 R의 차수는 B의 차수보다 낮습니다. 그런데 이 단서가 왜 필요할까요?

다음과 같은 오류는 몫과 나머지의 단서를 무시해서 생긴 것입니다.

이 나눗셈은 몫이 x이고 나머지가 $2x + 3$일 때 계산을 멈췄어야 합니다. 왜냐하면 몫과 나머지가 다항식이어야 한다는 단서 때문이지요. 지금 계산에서는 몫이 $x + \dfrac{2}{x}$이고 나머지가 $3 + \dfrac{2}{x}$인데 둘 다 다항식이 아닙니다.

그 근원을 찾아가면 초등학교 나눗셈으로 연결됩니다.

나눗셈에서 나머지는 나누는 수보다 작아야 합니다. 나누는 사람마다 나머지를 다르게 구하면 의사소통에 문제가 발생합니다. 이러한 내용이 고등학교에 오면 나머지의 차수와 나누는 식의 차수 사이의 관계로 연결됩니다.

나머지의 이런 성질은 중학교 2학년 순환소수를 설명하는 부분에서도 사용됩니다.

순환소수로 나타내어지는 분수는 어떤 특징이 있나요?

$\frac{1}{5}=0.2$, $\frac{3}{4}=0.75$, $\frac{9}{20}=0.45$와 같이 분모의 소인수가 2 또는 5뿐인 기약분수는 유한소수로 나타낼 수 있음을 배웠다.

이제 기약분수의 분모에 2 또는 5 이외의 소인수가 있는 분수를 소수로 나타내 보자. 예를 들어 $\frac{5}{7}$는 오른쪽과 같이 각 계산 단계의 나머지가 나누는 수 7보다 작은 자연수 1, 2, 3, 4, 5, 6 중 하나이므로 적어도 7번째 안에는 앞에서 나온 나머지와 같은 수가 나타난다. 이때 나머지가 같은 수부터 같은 몫이 되풀이되므로 순환마디가 생기게 된다.

```
        0.714285…
     7)50 ◄
       49
       ──
       10
        7
       ──
       30        같
       28        다
       ──
       20
       14
       ──
       60
       56
       ──
       40
       35
       ──
        5 ◄
        ⋮
```

나머지의 성질 때문에 순환소수가 생긴다는 것이 신기하지 않나요? 나머지가 나누는 수보다 작기 때문에 어떤 나눗셈을 할 때 나머지는 결국 유한하고, 그것 때문에 순환마디가 생긴다는 것이 논리적

으로 정확하게 맞아떨어지는 이 장면에서 여러분은 어떤 생각을 하게 되나요?

인수분해와 곱셈 공식의 근원, 분배법칙

인수분해 공식을 설명하기 위해서는 곱셈 공식이 먼저입니다. 인수분해 공식은 인수분해 자체로 설명할 수 없고, 곱셈 공식의 결과가 그렇기 때문이라고밖에 달리 설명할 방도가 없습니다. 그래서 인수분해는 곱셈 공식과 아주 밀접하게 연결되어 있고, 인수분해 공부는 곱셈 공식을 통해서 가능합니다.

그렇다면 곱셈 공식의 근원은 무엇일까요? 분배법칙입니다. 정확히 표현하면 덧셈에 대한 곱셈의 분배법칙이지요. 간단하게는 다음 두 식이 사용됩니다.

$$a(b+c)=ab+ac$$

$$(a+b)(c+d)=ac+ad+bc+bd$$

이 분배법칙으로 중·고등학교의 모든 곱셈 공식이 설명됩니다.

중학교 곱셈 공식

① $(a+b)^2 = a^2 + 2ab + b^2$

② $(a-b)^2 = a^2 - 2ab + b^2$

③ $(a+b)(a-b) = a^2 - b^2$

지금 공부하는 게 수학 맞습니까?

④ $(x+a)(x+b) = x^2 + (a+b)x + ab$

⑤ $(ax+b)(cx+d) = acx^2 + (ad+bc)x + bd$

고등학교 곱셈 공식

① $(a+b+c)^2 = a^2 + b^2 + c^2 + 2ab + 2bc + 2ca$

② $(a+b)^3 = a^3 + 3a^2b + 3ab^2 + b^3$

③ $(a-b)^3 = a^3 - 3a^2b + 3ab^2 - b^3$

④ $(a+b)(a^2 - ab + b^2) = a^3 + b^3$

⑤ $(a-b)(a^2 + ab + b^2) = a^3 - b^3$

그렇다면 분배법칙은 왜 사용하는 것일까요? 사용 근거가 무엇일까요? 분배법칙을 철칙처럼 사용하면서도 그 법칙이 왜 성립하는지 모르는 경우가 많습니다. 교과서도 이 부분을 명확하게 강조하지 않고 두루뭉술하게 넘어가는 경향이 있습니다.

분배법칙은 곱셈입니다. $4(n+1)$을 전개했을 때 어떻게 되는지 물으면 누구나 $4n+4$라고 답할 것입니다. 그런데 질문을 바꾸어 "분배법칙을 써서 전개하면 $4(n+1) = 4n+4$가 되는데 그 이유는 무엇인가요?"라고 물으면 답변이 궁색해집니다. 법칙은 공식과 마찬가지이므로 2단계 개념이고, 2단계 개념인 성질이나 법칙은 반드시 증명할 줄 알아야 합니다. $4(n+1) = 4n+4$인 이유는 초등학교 곱셈 개념으로 설명할 수 있습니다. $4(n+1)$은 4와 $n+1$ 사이에 곱셈기호가 생략된 것입니다. 그러므로 $4(n+1)=4\times(n+1)$입니다. 곱셈은 초등에서 배우는 덧셈의 반복에 대한 표현입니다. 그러므로 $4(n+1)$은 $n+1$을 네 번 더한 것입니다. 즉,

$$4\times(n+1)=(n+1)+(n+1)+(n+1)+(n+1)$$

여기서 덧셈은 결합법칙이 성립하므로 괄호를 다 풀어 없앨 수 있고, 다시 교환법칙에 따라 n은 n끼리 1은 1끼리 모을 수 있습니다.

$$4(n+1)=(n+1)+(n+1)+(n+1)+(n+1) \quad \text{(곱셈의 정의)}$$
$$=n+1+n+1+n+1+n+1 \quad \text{(덧셈의 결합법칙)}$$
$$=n+n+n+n+1+1+1+1 \quad \text{(덧셈의 교환법칙)}$$
$$=4\times n+4=4n+4 \quad \text{(곱셈기호 생략)}$$

n을 네 번 더한 것은 다시 곱셈으로 바꾸면 $4\times n$이고 수와 문자 사이의 곱셈기호는 생략할 수 있으므로 이 식의 결과는 $4n+4$가 됩니다. 이렇게 설명하면 무지 귀찮은 과정이라고 생각할 수도 있는데, 그보다는 초등학교 때부터 수학에서 한 번 한 약속은 어디 하나 틀린 데 없이 유지된다는 것을 느끼면 좋겠습니다.

초등학교에서 덧셈의 반복으로 만들어진 곱셈이 중학교에 와서 분배법칙을 만들어냈고, 분배법칙은 중학교와 고등학교의 곱셈 공식과 인수분해의 핵심 기초가 되었습니다.

허수의 계산법칙은 어디서 왔을까

고1 명균이는 $5i-3i$와 같은 허수의 뺄셈을 $5i-3i=2$라고 계산했습니다. 자연수와 허수기호 i가 포함된 뺄셈이므로 수는 수끼리, 허수는 허수끼리 빼어 $5-3=2$, $i-i=0$에서 $5i-3i=2$로 계산한 것입니다.

$5i-3i=2i$입니다. $5-3$이 2인 것은 알겠는데 왜 $i-i=0$이 되지 않고 남아 있을까요?

이제는 눈치챌 수 있지요? $5i=5\times i$, 즉 i를 5개 더한 것으로 보는 안목이 생겼을 것입니다. 그래서 $5i-3i=2i$라는 것을 설명할 수 있지요. 이것은 중학교에서 $5x-3x=2x$인 것이나 $5\sqrt{2}-3\sqrt{2}=2\sqrt{2}$인 것과 연결이 됩니다.

$5x-3x$는 초등으로 생각하면 $\dfrac{5}{7}-\dfrac{3}{7}$과 같습니다. x가 단위분수 $\dfrac{1}{7}$과 같은 역할을 하지요. 분수의 뺄셈에 적용되어 있는 기본 개념이 동류항 정리에 그대로 적용되는 것입니다. 이것이 다시 제곱근의 덧셈과 뺄셈에 적용되는데 이때는 $\sqrt{2}$가 x나 단위분수 $\dfrac{1}{7}$과 같은 역할을 합니다. 허수의 덧셈과 뺄셈에서 $5i-3i=2i$가 되는 이유도 분수의 연산이나 다항식에서의 동류항 정리, 제곱근의 연산과 똑같은 개념으로 설명할 수 있습니다. 이렇게 서로 다른 영역의 연산에 모두 똑같은 원리가 적용된다는 사실을 발견하는 것이 수학 공부에서는 아주 중요합니다.

초등학교 때 분수의 뺄셈을 공식으로만, 즉 분모가 같으면 분자끼리 빼는 방식으로만 익힌 학생은 중·고등학교에서 문자식, 무리수, 허수의 계산을 초등학교의 분수의 연산, 곱셈의 개념과 연결하는 것이 어려울 수 있습니다. 초등에서 개념적으로 공부하지 않고 절차적으로만 공부한 학생들이 갈수록 수학을 힘들어하는 이유는 초등학교의 절차적 공부가 중학교로 직접 연결되지 않기 때문입니다. 단위분수 $\frac{1}{7}$을 중·고등학교의 문자 x, 무리수 $\sqrt{2}$, 허수 i로 연결할 수 있는 것은 단위분수로 초등의 모든 분수의 학습을 일관되게 연결해서 공부한 결과입니다.

적분의 시작은 초등의 넓이 개념이다

고등학교에서 배우는 적분積分은 넓이를 계산하는 강력한 힘을 가지고 있습니다. 곡선이 있거나 불규칙한 모양의 넓이도 구할 수 있지요.

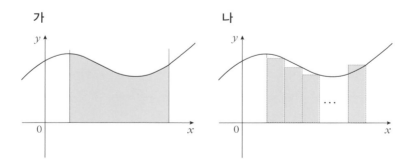

그림 **가**와 같이 곡선으로 둘러싸인 부분의 넓이를 구하는 방법은 초등학교나 중학교에서 배우지 않았습니다. 이런 넓이를 구하는 방법이 적분이라고 생각하면 됩니다. 그런데 그림 **나**를 보니 눈에 띄는 도형이 있습니다. 바로 직사각형입니다. 곡선으로 둘러싸인 부분을 직사각형으로 잘게 자르는 그림 속에서 초등 5학년 때 배운 넓이 구하는 공식을 떠올릴 수 있으면 적분에 대한 두려움에서 벗어나 문제를 해결할 수 있다는 자신감을 가질 수 있습니다. "초등에서 넓이 구하는 것을 제대로 공부한 보람이 이제 나타나는구나!" 하고 뿌듯한 마음이 들 것입니다.

넓이라는 개념은 도형이 차지하고 있는 자리의 크기를 뜻합니다. 그런데 어쩌다가 직사각형의 넓이, 즉 직사각형이 차지하고 있는 자리의 크기를 구하면서 엉뚱하게도 가로와 세로의 길이를 곱하게 되었을까요? 이 부분은 초등학교 5학년 교과서를 차례차례 경험해서 스스로 깨우쳐야 합니다. 잘못하면 넓이를 구하는 공식인 (가로)×(세로)만 알고 넓이 개념은 익히지 못할 가능성이 있습니다. 이렇게 말하는 이유는 주변 어른들에게 넓이 개념을 물어봤을 때 (가로)×(세로)로 구하게 된 내력을 기억하는 사람이 거의 없었기 때문입니다.

넓이 개념은 이전 개념에서 연결된 것이 아니므로 넓이 자체의 시작점이 필요합니다. 초등에서 가로와 세로의 길이가 각각 1cm인 정사각형의 넓이를 $1cm^2$로 정한 것이 넓이의 시작점입니다. 수로 말하면 '하나'를 자연수 1로 정한 것과 마찬가지입니다.

> 도형의 넓이를 나타낼 때는 한 변의 길이가 1cm인 정
> 사각형의 넓이를 넓이의 단위로 사용합니다. 이 정사각형
> 의 넓이를 $1cm^2$라 쓰고 1 제곱센티미터라고 읽습니다.

넓이의 단위(또는 단위넓이)로 $1cm^2$가 정해지면 어떤 도형의 넓이는 그 도형 안에 단위넓이 $1cm^2$가 몇 개 들어가는지를 세는 것으로 구할 수 있습니다. 그림의 직사각형 안에 들어 있는 단위넓이 $1cm^2$의 개수가 곧 직사각형의 넓이입니다.

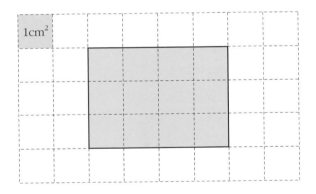

하나씩 세면 12개이지요. 따라서 이 직사각형의 넓이는 $12cm^2$입니다. 그런데 직사각형은 가로와 세로가 일정하므로 한 줄씩 셀 수 있습니다. 4개씩 3줄이므로 4, 8, 12로 뛰어 셀 수 있습니다. 이는 4의

3배와 같으므로 곱셈으로 4×3이고, 여기서 (가로)×(세로)와 같은 곱셈으로 직사각형의 넓이를 구하는 공식이 만들어집니다. 이로써 도형의 넓이에 구구단이 사용되는 사례가 발생하지요. 어렸을 때 힘들게 외운 구구단이 도형의 넓이를 구하는 공식에 사용되다니! 모든 수학은 이렇게 연결되는 것입니다.

직사각형의 넓이부터 구하는 데는 이유가 있다

수학 개념의 시작점은 그것이 이후의 다른 개념과 강하게 연결되어야 효율적입니다. 넓이 개념을 시작하는 데 있어 하고많은 도형 중 직사각형이 선택된 이유는 무엇일까요? 사각형보다 삼각형이 더 간단한 도형인데 왜 삼각형의 넓이를 먼저 구하지 않았을까요? 이런 궁금증과 호기심은 수학의 개념학습에서 큰 역할을 합니다. 도형의 각의 크기를 구할 때는 삼각형을 먼저 구하고, 사각형은 삼각형과 연결하여 구하지요. 넓이를 구할 때는 왜 직사각형을 먼저 구할까요?

삼각형의 넓이를 먼저 구할 수 없는 것은 모양이 뾰족해서 일정하게 자를 수 있는 부분을 찾아내기가 어렵기 때문입니다. 정삼각형, 이등변삼각형, 직각삼각형, 직각이등변삼각형 등 비교적 규칙을 가진 삼각형도 다 뾰족한 부분을 가지고 있어서 일정하게 자르기가 어렵습니다. 그런데 직사각형은 가로와 세로가 반듯하기 때문에 규칙적으로 자르기 쉽다는 장점이 있습니다. 이 장점 때문에 직사각형이 넓이를 구하는 첫 공식을 만드는 도구로 선택되었습니다.

직사각형의 넓이를 구하는 공식이 만들어지면 이후에는 모든 도형을 직사각형으로 변신시켜 넓이를 구하면 됩니다. 그 첫 대상은 평행사변형입니다. 평행사변형은 마주 보는 두 쌍의 변(대변對邊)이 서로 평행한 사각형입니다. 그런데 평행사변형은 두 쌍의 대변의 길이가 서로 같다는 성질이 있습니다. 그래서 평행사변형을 바로 세우면 직사각형이 됩니다. 이때 가장 쉬운 방법으로 기울어진 부분을 떼어 옮기면 직사각형과 같은 방법으로 넓이를 구할 수 있게 됩니다.

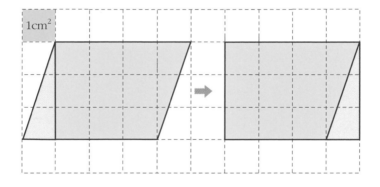

평행사변형에서 밑변의 길이는 직사각형의 가로의 길이와 같고, 높이는 세로의 길이와 같으므로 직사각형의 넓이를 구하는 공식 (가로)×(세로)는 (밑변)×(높이)가 될 수 있고, 이는 곧 평행사변형의

넓이를 구하는 공식이 됩니다.

평행사변형의 넓이는 직접 구하기보다 이미 알고 있는 직사각형의 넓이를 구하는 공식을 배경지식으로 연결하여 구하는 것이 간편합니다. 개념적인 학습은 연결성이 강하다는 장점을 보여주지요.

그다음이 궁금하지요? 직사각형에서 평행사변형으로 연결되는 넓이 개념의 다음은 삼각형입니다. 삼각형은 어떤 모양이라도 똑같은 삼각형 하나를 더 만들어 뒤집어 붙이면 평행사변형으로 변신합니다. 이제 눈치챘을 것입니다. 평행사변형의 넓이를 구하는 공식을 이용하겠다는 의도를 읽을 수 있다면 여러분은 이미 개념연결의 효과를 보고 있는 것입니다.

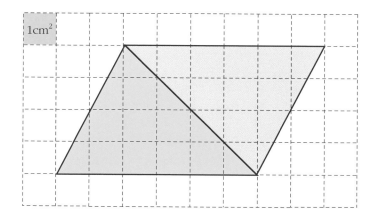

이쯤 되면 왜 삼각형의 넓이를 구하는 공식이 (밑변)×(높이)÷2가 되었는지 짐작할 수 있을 것입니다. 넓이를 구하는 공식을 만드는 순서는 정말 논리적이고 철저하게 연결되어 있습니다. 어디 하나 군살 없이 깔끔하다는 느낌이 든다면 여러분은 이미 개념연결에 빠진 것입니다. 수학이 대단하다는 것을, 기막힌 연결성을 가지고 있다는 것을 느낄 수 있을 것입니다.

둥그런 모양의 원의 넓이는 어떻게 구할까

원의 넓이를 직접 구하는 방법은 없습니다. 그럴 필요도 없고요. 원을 어떻게든 변형하여 넓이를 낼 수 있는 도형으로 바꾸면 됩니다. 원을 잘게 쪼갰을 때 만들어지는 부채꼴을 위아래로 겹쳐서 붙이면 사각형 모양이 됩니다. 아주 잘게 쪼개면 드디어 직사각형이 되지요.

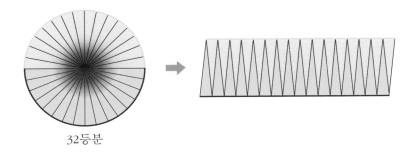

32등분

원을 32등분만 해도 거의 직사각형에 가까운 모양으로 변합니다.

지금 공부하는 게 수학 맞습니까?

이것을 64등분, 128등분, …… 이렇게 아주 많이 쪼개면 결국 직사각형이 될 것이고, 이때 직사각형의 가로의 길이는 원주의 반, 세로의 길이는 원의 반지름의 길이와 같습니다. 원의 반지름의 길이를 r, 원의 넓이를 S라 하면

$$S = (\frac{1}{2} \times 2\pi r) \times r = \pi r^2$$

입니다. 정확하게 원의 넓이를 구하는 공식이 유도됩니다.

초등학교에서 배운 단위넓이로부터 시작된 넓이의 개념이 직사각형의 넓이를 만들어내고, 직사각형의 넓이는 이후 모든 도형, 심지어는 원의 넓이까지 만드는 근원이 됩니다. 그리고 결국 고등학교에서 다루는 적분까지 연결되는 것을 알 수 있습니다.

부피를 구하는 적분도 초등수학에서 시작된다

중학교에서 부피를 구하는 입체도형은 각기둥과 각뿔, 원기둥과 원뿔까지입니다. 각기둥이나 원기둥과 같이 폭이 일정한 입체도형의 부피는 초등학교에서 학습한 직육면체의 부피를 구하는 개념을 연결하여 구할 수 있습니다. 각뿔과 원뿔의 부피는 각각 밑넓이와 높이가 같은 각기둥, 원기둥의 부피의 $\frac{1}{3}$로 계산합니다. 뿔의 부피가 기둥의 부피의 $\frac{1}{3}$라는 수치는 사실 중학교에서 정확하게 이해할 수 없으므로 교과서에서는 실험을 통하여 정당화하는 정도로 설명하고

있습니다. 정확한 설명은 고등학교 적분에서 가능합니다.

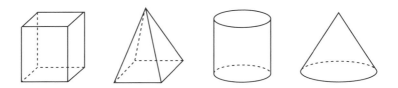

　기둥 모양이나 뿔 모양이 아닌 불규칙한 입체도형의 부피도 적분을 이용해서 구할 수 있습니다. 그 기본 원리는 초등학교 부피 개념이므로 초등에서 학습한 부피에 대한 개념적인 이해가 충분하면 고등학교 적분은 반은 먹고 들어가는 것이나 다름없습니다. 다음은 고등학교 적분에서 부피를 구하는 그림입니다. 기둥처럼 밑넓이가 일정한 것이 아니므로 단면을 잘게 잘라서 각각의 단면의 넓이에 높이를 곱한 값을 구하여 더하는 방식으로 계산합니다.

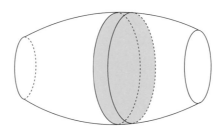

　중학교에서 (기둥의 부피)=(밑넓이)×(높이)로 구합니다. 각기둥이나 원기둥은 밑넓이가 일정하므로 넓이를 하나만 구하고 거기

　　　　　　　　지금 공부하는 게 수학 맞습니까?

에 높이를 곱하지요. 고등학교 적분은 이런 계산을 여러 번 하는 것으로 이해할 수 있습니다.

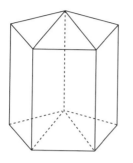 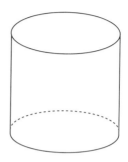

그럼 초등학교에서는 어떻게 부피를 구했을까요? 초등 과정에서는 직육면체와 정육면체의 부피만 다룹니다. 다음 그림에서 직육면체의 부피를 구하는 공식을 볼 수 있습니다. 본래는 가로와 세로와 높이를 모두 곱하면 구할 수 있는데 가로와 세로의 곱이 밑면의 넓이(밑넓이)와 같으므로 간단하게 (밑면의 넓이)×(높이)로 부피를 구합니다.

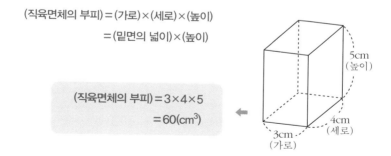

어떤 물건이 공간에서 차지하는 크기를 부피라고 하는데, 왜 직육면체의 부피는 가로와 세로와 높이를 곱해서 구할까요? 여기에 부피의 핵심이 있습니다. 부피를 구하는 공식은 2단계 개념이기 때문에 그 공식을 유도할 줄 알아야 합니다. 그것이 개념적인 이해입니다. 부피를 만들려면 시작점이 있어야 합니다. 바로 $1cm^3$ 크기의 부피의 단위를 정하는 것입니다.

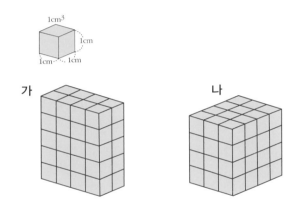

직육면체 **가**, **나**의 부피는 단위부피 $1cm^3$가 직육면체 안에 몇 개 들어가는지를 계산하여 구합니다. 직육면체의 가로, 세로, 높이를 각각 1cm씩 잘라서 그 안에 들어가는 $1cm^3$의 개수를 세면 그것이 곧 부피입니다. 즉 단위부피 $1cm^3$가 직육면체 **가**에는 $4 \times 2 \times 5 = 40$(개), 직육면체 **나**에는 $3 \times 4 \times 4 = 48$(개) 들어가므로 직육면체 **가**, **나**의 부피는 각각 $40cm^3$, $48cm^3$입니다. 이 과정에서 (직육면체의 부피)$=$(가로)$\times$(세로)$\times$(높이)라는 공식이 만들어진 것입니다.

다시 정리하면 초등 과정에서 직육면체의 부피를 구하기 위해 만들어진 공식 (가로)×(세로)×(높이)가 중학교에서 기둥의 부피를 구하는 공식 (밑넓이)×(높이)로 발전하고, 다시 고등학교 적분에서는 여러 개의 (밑넓이)×(높이)의 합이 되는 것입니다.

중·고등학교에서 경우의 수를 틀리는 것은 초등 기초가 약한 탓이다

경우의 수는 확률과 마찬가지로 중·고등학교에서 가장 골치 아픈 분야입니다. 선택과목으로 운영되는 고등학교 '확률과 통계' 과목은 선생님들에게도 기피 대상입니다. 그런데 경우의 수는 핵심이 되는 법칙이 딱 2개입니다. 이른바 합의 법칙과 곱의 법칙입니다. 쉽게 표현하면 덧셈과 곱셈이지요.

그래서 어떤 2가지 사건을 생각할 때, 각 사건의 경우의 수를 더할 것인가, 곱할 것인가의 기로에서 판단의 어려움을 겪게 됩니다. 예를 들어, 어떤 학생이 상의 3벌과 하의 2벌 중에서 하나씩 짝을 지어 옷을 입는 경우의 수를 구할 때, 3과 2를 더해서 5가지라고 해야 할지, 곱해서 6가지라고 해야 할지를 판단해야 하는데, 결코 쉬운 일이 아닙니다. 이럴 때는 각각의 경우를 나열하면서 판단해야 합니다. 그림과 같이 상의와 하의를 하나씩 짝 지으면 총 6가지가 나오는데, 이것은 상의 3벌 각각에 대하여 하의를 2벌씩 짝 지을 수 있으므로 곱의 법칙을 사용하여 3×2=6으로 계산한 것입니다.

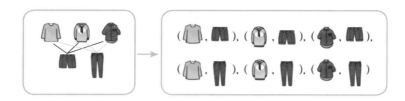

　가장 쉽고 기초가 되는 연산은 덧셈입니다. 덧셈 이전에는 수 세기를 합니다. 이어서 세는 방법이 덧셈으로 연결되지요. 상의가 내 옷장에 3벌, 동생 옷장에 2벌 있다면 상의는 총 5벌이고 이것은 "하나, 둘, 셋" 하고 이어서 "넷, 다섯"으로 세는 이어 세기를 한 것입니다. 연산으로 생각하면 3+2＝5와 같은 덧셈으로 이어집니다. 그러다가 똑같은 수를 반복적으로 더하는 상황에 처합니다. 상자 안에 똑같은 물건이 3개씩 있는데 그런 상자가 모두 9개라면 물건의 총 개수는

　　　3＋3＋3＋3＋3＋3＋3＋3＋3

으로 구할 수 있습니다. 그런데 이렇게 같은 수를 반복하여 더하는 지루한 상황을 해결하기 위한 방법으로 곱셈 개념이 만들어졌지요. 곱셈으로 나타내면

　　　3＋3＋3＋3＋3＋3＋3＋3＋3＝3×9

로 나타낼 수 있고, 곱셈구구로 계산하면 이 값은 27입니다. 이어 세기나 덧셈을 반복하는 연산으로 계산하면

　　　3, 6, 9, 12, 15, 18, 21, 24, 27

로 구해야 하는데 적당히 구구단을 암기하여 단번에 3×9＝27로 구

하는 것이 곱의 법칙입니다.

똑같은 수를 계속 더하는 어려움과 지루함을 해결하기 위해 곱셈이라는 개념을 만들었고, 그것이 중·고등학교에서 경우의 수를 세는 기본 법칙으로 연결되는 것이 놀랍습니다.

결국 경우의 수를 세는 문제를 해결할 때 합의 법칙과 곱의 법칙의 기로에서 판단의 중심은 똑같은 수를 반복하여 더하는 상황인가 아닌가 하는 것에 있고, 이것은 초등학교에서 배운 덧셈과 곱셈 개념과 직결됩니다.

과자가 6상자 있는데 상자에 들어 있는 과자의 개수가 각각 9, 6, 11, 8, 9, 10일 때 전체 개수는 덧셈을 통해 구할 수 있습니다. 그런데 각 상자에 들어 있는 과자의 개수가 9, 9, 9, 9, 9, 9와 같이 모두 9개씩이라면 더하는 것보다 곱하여 9×6=54로 계산하는 것이 효율적입니다. 이것이 합의 법칙과 곱의 법칙이라니 얼마나 간단하면서도 강력한가요? 개수가 같은 것을 반복적으로 더할 때는 곱셈을 해야 하므로 곱의 법칙, 같은 개수가 반복되지 않으면 그냥 더해야 하므로 합의 법칙! 이것이 전부입니다.

고등학교 확률의 핵심도 초등 과정에 있다

2005학년도 수능 수학 과목에 주사위 2개를 소재로 하는 문제가 출제되었습니다.

2개의 주사위를 동시에 던질 때, 한 주사위 눈의 수가 다른 주사위 눈의 수의 배수가 될 확률은?

① $\frac{7}{18}$　　② $\frac{1}{2}$　　③ $\frac{11}{18}$　　④ $\frac{13}{18}$　　⑤ $\frac{5}{6}$

　이 문제의 정답은 ③인데, 맞힌 학생이 30퍼센트뿐이었습니다. 모든 교과서가 취급하고 있는 유형의 오지선다형 문제에서 정답률이 이렇게 낮은 것은 가히 충격적이었습니다. 더욱 충격적인 것은 60퍼센트의 학생이 ①을 선택했다는 사실이었습니다. ①과 ③에 90퍼센트가 몰린 것은 ①을 선택한 학생도 이 문제를 풀지 못해서 틀린 것이 아님을 보여줍니다. ①과 ③의 차이는 예를 들어 (2, 4)와 (4, 2)를 같은 것으로 보아 1개로 세느냐, 다른 것으로 보아 2개로 세느냐의 차이일 뿐입니다. 왜 많은 학생이 이 2가지를 별개로 보지 않고 같은 것으로 봤을까요? 그 이유는 한마디로 말해서 확률의 기본 개념을 갖추지 못했기 때문입니다. 더 근본적으로는 초등에서 배운 분수의 개념에 대한 이해가 부족한 탓입니다.

　문제를 직접 풀어볼까요? 주사위 2개를 동시에 던질 때 주사위 1개의 눈 6가지 각각에 대하여 다른 주사위의 눈이 6가지씩 나오므로 나오는 전체 경우의 수는 곱의 법칙에 따라 6×6=36(가지)입니다. 이를 순서쌍으로 생각하면 (1, 1), (1, 2), (1, 3), ……, (6, 6)까지 36가지입니다. 이 중 한 주사위의 눈의 수가 다른 주사위의 눈의 수의 배수가 되는 경우를 나열하면 다음 22가지입니다.

(1, 1), (1, 2), (1, 3), (1, 4), (1, 5), (1, 6)
(2, 1), (2, 2), (2, 4), (2, 6)
(3, 1), (3, 3), (3, 6)
(4, 1), (4, 2), (4, 4)
(5, 1), (5, 5)
(6, 1), (6, 2), (6, 3), (6, 6)

따라서 구하는 확률은 $\frac{22}{36} = \frac{11}{18}$입니다. 그래서 정답은 ③입니다. ①을 선택한 학생들은 이 중에서 중복되는 다음 8개를 뺀 것입니다.

(1, 1), (1, 2), (1, 3), (1, 4), (1, 5), (1, 6)
(2, 1), (2, 2), (2, 4), (2, 6)
(3, 1), (3, 3), (3, 6)
(4, 1), (4, 2), (4, 4)
(5, 1), (5, 5)
(6, 1), (6, 2), (6, 3), (6, 6)

그러면 확률은 $\frac{14}{36} = \frac{7}{18}$이 나옵니다.

많은 고등학생이 확률을 어려워합니다. 확률에는 보이지 않는 조건이 있기 때문입니다. 각 경우가 일어날 가능성이 똑같아야 한다는 것입니다. 이 전제 조건을 만족하면 어떤 사건이 일어날 확률은 $\frac{(\text{그 사건의 경우의 수})}{(\text{전체 경우의 수})}$ 로 계산할 수 있습니다. 그런데 확률에서 소홀히 생각하기 쉬운 것은 이 계산 공식이 아니라 각 경우가 일어날 가능성이 똑같아야 한다는 조건입니다.

학생들은 공식을 외울 때 식만 외우는 경향이 있습니다. 식보다 더 중요한 것은 전제 조건입니다. 골탕을 먹이는 문제는 전제 조건이 다른 문제들입니다. 시험을 출제하는 선생님들은 학생들이 전제 조건을 소홀히 공부하는 것을 잘 알기 때문에 그러면 안 된다는 의미에서 전제 조건을 제대로 파악하지 않으면 틀리기 쉬운 문제를 출제하기도 합니다. 그러면 영락없이 걸려들지요.

확률 개념에는 왜 각 경우가 일어날 가능성이 똑같아야 한다는 전제 조건이 붙을까요? 그것은 계산 결과가 분수로 나타나기 때문입니다. 분수는 초등학교에서 다루는데 그때 이미 정한 원칙이 있지요.

전체를 똑같이 2로 나눈 것 중의 1을 $\frac{1}{2}$ 이라 쓰고 2분의 1이라고 읽습니다.
전체를 똑같이 3으로 나눈 것 중의 2를 $\frac{2}{3}$ 라 쓰고 3분의 2라고 읽습니다.
$\frac{1}{2}$, $\frac{2}{3}$ 와 같은 수를 분수라고 합니다.

$$\frac{1}{2} \quad \begin{array}{l} \leftarrow 분자 \\ \leftarrow 분모 \end{array} \qquad\qquad \frac{2}{3} \quad \begin{array}{l} \leftarrow 분자 \\ \leftarrow 분모 \end{array}$$

'똑같이'라는 조건이 보이지요? 분수는 처음에 정할 때 전체를 똑같이 나눈 것을 분모로 했습니다. 분수의 분모는 똑같이 쪼갠 개수이기 때문에 확률을 분수로 나타내려면 이 조건을 똑같이 만족해야 합니다. 그래서 확률의 전제 조건으로 '각 경우가 일어날 가능성이 똑같아야 한다'는 것이 제시된 것입니다.

예를 들어, 동전을 2개 던질 때 나올 수 있는 경우의 수는 다음 3가지입니다. 둘 다 앞면이 나오거나 둘 다 뒷면이 나오거나 앞면과 뒷면이 하나씩 나오는 경우이지요.

그렇다면 둘 다 앞면이 나올 확률은 $\frac{1}{3}$일까요? 당연한 질문 같겠지요. 그런데 확률은 분수로 나타내는 것이므로 분수의 개념을 생각해봐야 합니다. 분수에서 가장 중요한 것은 분모입니다. 분모에 해당하는 3이 똑같은 가능성을 가지는지 생각해야 하지요. 이 생각을 기피하면 확률의 고비를 넘을 수 없습니다. 그림에서 3가지 경우 중 처음 2가지는 가능성이 같습니다. 마지막 경우는 어떤가요? 두 동전 중 한 동전은 앞면, 다른 한 동전은 뒷면이 나올 수 있고, 그 반대도 나올 수 있습니다. 마지막 경우는 나올 가능성이 앞의 두 경우보다 큽니다. 이렇게 생각하면 3가지 경우는 확률의 전제 조건을 갖추지 않은 것을 알 수 있습니다. 그래서 다음과 같이 4가지 경우로 생각해야 합니다.

4가지는 일어날 가능성이 똑같습니다. 둘 다 앞면이 나올 확률은 $\frac{1}{4}$입니다.

이제 '그깟 동전 2개를 던지는 상황도 간단한 것이 아니었구나!' 하는 생각이 드나요? 앞으로는 크기가 서로 다른 사과, 방울토마토, 감 중에서 제일 큰 사과를 먹고는 '$\frac{1}{3}$만 먹었다'고 우기는 일은 없겠지요?

특별 부록

① '수포자'에서 벗어나기

② 중·고등학생 수학 Q&A 44

부록 1

'수포자'에서 벗어나기

'수포자'였던 영준이는 중학교 1학년까지 수학 때문에 많은 고통을 받았다. 수학 성적이 좀처럼 오르지 않자 영준이의 부모님은 영준이가 초등학교 5학년이었을 때 운동을 권유했다. 그래서 영준이는 아이스하키를 시작하게 되었다. 아이스하키는 야외 운동장에서 할 수 없고 특별히 실내 링크가 필요하다. 그런데 그 지역에 하나 있는 실내 링크는 성인 선수들이나 대학팀, 고등학생들이 이용했기 때문에 초등학생 아마추어인 영준이는 한밤중에야 겨우 연습을 할 수 있었다. 새벽녘에 운동을 마치고 집에 돌아와 잠깐 잠을 자고는 다시 일어나서 등교하는 생활이 계속되었다. 부족한 잠을 방과 후 저녁 시간에 채워야 했기에 저녁부터 자다가 한밤중에 일어나서 운동을 시작하는 것이 보통이었다. 그러는 동안 수학 공부는 점점 더 어려워졌다.

영준이는 중학교 1학년 후반기쯤 상담을 통해 개념연결학습을 시작했고,

중학교 2학년 첫 단원인 '유리수와 순환소수'를 공부할 때 순환소수의 성질을 어려움 없이 이해했다. 중1 겨울방학에 스스로 중2 첫 단원을 예습하던 때는 아래 내용을 이해할 수 없었다.

정수가 아닌 유리수는 유한소수 또는 순환소수로 나타낼 수 있다.

$\frac{1}{2} = 0.5$, $\frac{1}{4} = 0.25$와 같이 소수점 아래 0이 아닌 숫자가 유한 번 나타나는 소수를 유한소수라 하고, $\frac{1}{3} = 0.333\cdots\cdots$, $\frac{1}{7} = 0.142857142857\cdots\cdots$과 같이 소수점 아래의 어떤 자리에서부터 일정한 숫자의 배열이 한없이 되풀이되는 것이 순환소수인데, 왜 항상 순환할 수밖에 없는지 알 수 없던 것이다.

개념의 연결고리를 찾다 보니 유리수를 소수로 고칠 때 나눗셈을 한다는 사실이 떠올랐다. 그래서 『개념연결 초등수학사전』에서 초등학교 4학년 과정을 찾아보았고, 결국 나머지의 성질, 곧 나머지는 나누는 수보다 작아야 한다는 것과 관련이 있음을 깨닫게 되었다. 이후 상담 때 영준이는 이렇게 말했다.

"초등학교에서 나눗셈을 공부할 때는 나머지의 성질이 왜 필요한지 전혀 몰랐는데, 이제 보니 순환소수와 관련이 있었어요. 중학교 2학년 수학에 초등학교 4학년 수학이 연결되다니요. 중학교 수학을 공부하는 데 초등학교 수학을 연결하는 것에 집중하면 이해하지 못할 것이 없을 것 같아요. 저는 이제 꿈을 바꾸겠습니다. 수학 선생님이 되고 싶어요."

수학적 사고능력, 누구나 기를 수 있다

간혹 수학 공부는 아무나 하는 것이 아니라고 말하는 사람들이 있습니다. 수학은 본래 어려운 과목이라는 말도 하지요. 이런 말을 믿기보다 '수학은 중요한 과목이다', '수학은 정말 인생에 필요한 과목이다', '21세기는 수학적 사고가 정말 필요한 시기다' 등의 말을 새겨들어야 합니다. 이제 일부 필요한 사람만 수학을 공부하면 되는 때는 지났습니다. 세상이 온통 수학으로 뒤덮여가고 있으며, 스마트폰 등 문명의 기기의 유저로서만 살 수 있었던 시대가 저물고 수학적 사고로 그 기기를 이해할 수 있는 문해력이 필요한 시대가 되었습니다.

수학 문제를 풀어 높은 점수를 받는 능력을 수학적 사고능력이라고 생각하는 것은 오해입니다. 꼬여 있어서 풀기도 어려운 고난도 수학 문제를 푸는 능력은 인생에 별 도움이 되지 않습니다. 수학적 사고능력은 주변 사람들과 관계를 맺는 과정에서나 다른 사람을 배려하고 협력하는 과정에서 더 필요합니다. 이웃과의 관계는 그냥 갑자기 맺어지는 것이 아니며 전후 맥락의 연결 속에서 논리적으로 형성됩니다. 이런 논리적인 연결능력을 수학에서 배울 수 있으며 그것이 수학적 사고능력입니다.

수학적 사고능력은 한 자리 수를 이해하고 그것과 연산을 연결하여 한 자리 수의 연산을 해결할 수 있는 능력을 확장하여 두 자리 수, 세 자리 수, …… 등으로 연결할 수 있는 능력입니다. 이렇게 한 가지를 익혀서 두세 분야 또는 더 많은 분야에 연결하여 사용할 수 있는 능력이 수학적 사고능력입니다. 삼각형의 세 각의 크기의 합이 180°임을 이해하고 이것을 이용하여 사각형, 오각형, ……으로 확장하는 능력이 개념연결능력입니다. 분수의 개념을 이해하여 분모가 같은 분수의 덧셈을 해결하고, 추가로 분모가 다른 분수의 덧셈까지 해결할 수 있는 능력이지요.

수학적 사고능력은 수학 개념을 연결하는 능력이지 문제 풀이 능력이 아닙니다. 수학 개념연결능력이 향상되면 문제 풀이 능력은 저절로 함께 향상됩니다.

5학년 상인이는 분수의 덧셈과 곱셈이 헷갈려서 힘들었다. 4학년 때까지는 $\frac{1}{4} + \frac{2}{4}$와 같이 덧셈을 하는 두 분수의 분모가 같아서 분모는 그냥 그대로 두고 분자만 더하면 $\frac{1}{4} + \frac{2}{4} = \frac{3}{4}$과 같이 답을 맞힐 수 있었다. 그런데 5학년이 되고 $\frac{1}{2} + \frac{1}{4}$과 같이 분모가 다른 분수를 더하는 상황이 나오니 막막해졌다. 분모의 중간을 잡아서 $\frac{1}{2} + \frac{1}{4} = \frac{2}{3}$라고 답했더니 틀린 답이었다. 답은 $\frac{3}{4}$이었다. "분자가 1과 1인데 어떻게 3이 되지? 분모 2는 어디로 간 거야?"

해답을 보니 통분을 하라는 것이었다. 그래서 분모를 같게 했더니 계산할 수 있었다. $\frac{1}{2} + \frac{1}{4} = \frac{2}{4} + \frac{1}{4} = \frac{3}{4}$ 이렇게 푸는 것이었다. 그렇지만 여전히 왜 통분을 해야 하는지 의문이었다. 그러다 중학생이 되어 유리수의 사칙연산을 하는 사이, 통분에 대한 내용은 잊어버리고 말았다. 그래서 또 답을 틀리는 일이 벌어졌다. 다른 과목에 비해 수학 공부에 시간을 많이 들이는데 모르는 것이 갈수록 늘어나니 수학이 점점 어렵게 느껴졌다. 기운이 점점 빠지던 차에 개념연결이라는 말을 듣고서 다시 5학년 분수를 찾아보았다. 그리고 4학년에 나오는 분모가 같은 분수의 덧셈을 분수의 뜻과 연결하여 개념적으로 이해하니 분모가 다른 분수의 덧셈에서 통분을 해야 하는 이유를 깨닫게 되었다. 너무나 간단한 개념인데 그동안 연결하지 못하고 분모가 다르면 통분을 해야 한다는 공식만 외우고 있었던 것이다. 그마저도 한두 해가 지나자 다시 잊고 만 자신을 보고 상인이는 많은 반성을 했다.

수학 공부는 개념이 연결되기만 하면 됩니다. 그러면 아주 어려운 수학이란 없습니다. 모든 개념이 이전에 배웠던 개념과 연결되므로 이미 아는 것이나 마찬가지입니다.

그래서 수학 공부는 누구나 잘할 수 있습니다.

성적 콤플렉스를 극복하자

우리를 여전히 괴롭히는 것은 수학 점수, 즉 성적입니다. 수학 시험 점수가 나쁘면 기분이 상하는 것은 당연합니다. 하지만 점수가 낮은 원인을 정확히 파악해야 극복할 수 있습니다. 보통 수준의 문제를 많이 틀렸다면 개념적인 이해가 부족한 탓입니다. 정확하게 이해하지 못한 부분을 개념적으로 충분히 이해할 수 있게 공부하면 해결이 되는 문제입니다.

그런데 문제에서 요구하는 내용이 배운 것을 벗어났기 때문에 내가 틀린 것이라면 출제가 잘못된 탓이므로 실망하거나 낙담할 필요가 없습니다. 특히 수학 경시대회 문제라면 더더욱 교육과정에서 벗어나는 경우가 빈번하므로 낮은 점수를 받더라도 당연하게 넘겨야 합니다. 경시대회가 아니라도 출제된 문제가 특수한 기술을 요하는 문제로 정규 수업에서 전혀 다루지 않는 내용까지 포함하고 있다면 틀렸더라도 신경 쓸 필요가 없습니다. 아직도 많은 시험에 교육과정의 성취기준과 평가기준을 벗어나는 문제가 출제되고 있어 걱정입니다. 풀이를 틀린 학생은 심리적으로 위축될 수밖에 없는 것이 당연한데, 민감하지 못한 출제자들이 잘못을 저지르고 있는 것이지요.

시중의 문제집 중에도 출제에 적합하지 않은 나쁜 문제들을 담고 있는 것이 있습니다. 그리고 이런 문제를 그대로 베끼거나 약간 변형하여 출제하는 관행이 끊이지 않고 있습니다. 이런 문제점이 여전하기 때문에 시험 성적은 항상 정당하다고 볼 수만은 없습니다.

그러나 개념적인 이해가 충분하더라도 수학 내신 시험문제 중에 여러분이 풀지 못하는 문제가 있을 수 있다는 점을 염두에 두어야 합니다. 하지만 이는 일시적인 현상이고 출제가 미흡한 탓이므로 자책하거나 낙담하지 마세요. 엄격한 기준을 가지고 출제되는 수능 문제는 개념적인 이해가 충분한 학생에게 절대적으로 유리합니다.

수학을 포기한 것은 네 탓이 아니야

흔히 '수포자'는 공부를 좋아하지 않고 사고하는 것조차 싫어하는 학생들일 것이라고 생각합니다. 한데 '수포자' 문제는 초등학교 고학년 때 늘어나는 학습 내용을 제대로 소화하지 못한 데서 본격적으로 발생합니다. 중학교에 와서도 여전한 공부 방식, 즉 분절된 지식을 암기하는 방식의 공부를 통해 '수포자'들의 자기 인식은 더욱 굳어집니다. 개념적으로 사고할 기회를 충분히 주지 않는 일방적인 주입식 수업에서는 생각하지 않고 지식을 수용하는 데 익숙한 학생들이 오히려 적응하여 견뎌냅니다. 현재 본인을 '수포자'로 인식하지 않는 학생들 중 상당수는 고민 없이 수학 지식을 무조건적으로 수용할 가능성이 있습니다. 단편적으로 분절된 지식이 필요한 측면도 있지만, 알아야 할 단편적인 지식의 양이 점점 늘어나면 인간의 뇌는 견딜 수 없는 한계에 도달합니다. 그것이 최초로 나타나는 시기가 수학에서는 초등학교 고학년입니다.

생각하고 싶고 이해하고 싶은 사람으로서는 개념적으로 연결되지 않는 단편적인 지식이 몰려오는 것에 거부감을 느끼는 것이 당연합니다. 수학을 왜 공부해야 하는지, 지금 배우는 수학 개념이 이미 알고 있는 여러 수학 개념과 어떤 관계인지 스스로 구성해보지 않고는 새로운 것을 받아들이지 못하는 것이 인간이 지식을 습득하는 기본 방식입니다. 우리나라 수학 수업의 현실은 생각하는 인간, 제대로 고민하는 인간을 잘 길러내지 못합니다. 따라서 잠재력이 있는 학생들도 '수포자'가 될 가능성이 있습니다.

수학 과목에서 포기하고 싶을 만큼 어려움을 느끼는 학생들에게는 본인의 공부 방식에서 답을 찾으라고 말하고 싶습니다. 개념적으로 이해하지 않고 공식을 이용한 문제 풀이 과정을 암기하면서 공부하는 습관을 버려야 합니다. 새로운 수학 개념을 공부할 때 반드시 자기 머릿속에 있는 수학 개념을 끄집어내어 새로운 개념과 연결해야 합니다. 그렇게 하나씩 연결하는 시도를 할 때 새로운 수학 개념은 어느새 자기 것이 됩니다.

'수포자'의 기로에 선 학생들에게 말해주고 싶습니다. 여러분은 충분히 사고할 능력을 가졌습니다. 그리고 자기주도성도 강합니다. 잘못된 공부 습관이 여러분을 '수포자'로 만들었습니다. 여러분이 수학을 포기한 이유는 여러분의 능력이 부족해서가 아니라 문제 풀이 습관 때문입니다.

문제 풀이의 마스터키, 개념의 연결!

수학 문제를 푸는 방법은 2가지입니다. 하나는 문제 푸는 절차적 기술을 익히는 방법이고, 또 하나는 수학 개념을 이해하여 개념의 힘으로 문제를 해결하는 방법입니다.

지금 대학생이 된 현주는 중3 때까지 수학을 공부할 때 풀리지 않는 문제가 나오면 문제 푸는 방법 자체를 암기했다. 그 결과 일반고에 입학할 때 수학 내신 성적과 수능 성적이 8등급이었다. 8등급은 하위 90퍼센트 또는 그 이하에 해당한다. 이랬던 현주가 고3 때 수능과 내신 모두에서 수학 1등급을 받았다. 그사이 무슨 일이 일어난 것일까?

현주가 고1 때 만난 수학 선생님은 교과서를 세심하게 읽어볼 것을 권했다. 공식을 이해한 적이 없는 현주로서는 난감했지만, 교과서를 강조하는 선생님의 신념을 믿고 교과서를 읽어나갔다. 그랬더니 공식이 이해되기 시작했다. '개념이 이렇게 적용되는구나!' 싶은 순간, 문제도 풀리기 시작했다.

수학 문제는 이렇게 푸는 것입니다. 문제를 푸는 데는 단서가 필요한데, 그 단서가 바로 수학 개념입니다. 개념 없이 문제를 푸는 것은 원칙적으로 불가능합니다.

수학 개념을 공부한다는 것은 기본적으로 각 개념의 정의를 이해하고, 그 정의로부터 만들어지는 성질, 법칙, 공식, 정리를 유도하는 증명까지 해내는 것입니다. 그리고 한 가지 더 중요한 것은 각 개념 사이의 연결성을 파악하는 것입니다. 여기까지 오면 안 풀리는 문제가 없습니다.

수학 공부의 가장 큰 장벽은 개념을 이해하려고 시도하지 않는 것입니다. 공식을 그냥 넣으면 답이 나오니까 개념을 이해하는 과정 자체가 귀찮게 느껴지거든요. 공부 시간이 충분하지 않으면 더욱 그렇지요. 개념적 이해가 부족한 상태에서 문제를 풀면 반드시 걸리는 부분이 생깁니다. 이때 연결된 개념을 찾아 결손 부분을 복습해야 하는데, 많은 학생이 해설된 풀이 과정을 익힌 뒤 넘어갑니다. 이로써 문제를 이해한 것으로 착각하고 개념이 부족하다는 사실 자체를 모르는 상황이 발생합니다. 틀린 문제를 또 틀리고, 실수가 잦은 데는 이유가 있는 것입니다.

이런 습관은 초등학교 때부터 생겼을 가능성이 크지요. 초등수학의 절반 정도를 차지하는 연산은 별 개념이 없고 절차적인 기술을 요구하는 경향이 있기 때문에 점수에 집중하는 경우 연산을 개념 없이 암기하게 됩니다.

개념 설명이 가장 정확하고 논리적으로 연결된 책은 교과서입니다. 대부분의 문제집은 개념 설명이 교과서보다 간략하거나 아예 생략한 채 공식만 열거하고 있습니다. 교과서는 정의와 성질이 논리적인 연결 순서대로 제시되어 있지만, 문제집은 논리적인 순서가 학생들의 인지 발달과 관계없을 가능성이 큽니다. 교과서는 가장 정확한 개념 설명서입니다.

공식을 외워 문제를 해결하는 방식의 공부가 일회용 열쇠를 사용하는 것과 같다면, 개념과 그 연결성을 이해함으로써 문제를 해결하는 것은 마스터키를 쓰는 것과 같습니다. 개념은 포괄적이므로 여러 문제에 적용되지만, 공식은 문제를 푸는 기술이므로 그 적용 범위가 좁습니다. 특히 어려운 문제는 공식만 가지고 풀리지 않으며 개념의 연결성을 파악해야만 가능합니다. 그럼 어떻게 문제를 풀어야 할까요? 결론은 명확합니다.

이미 벌어진 격차, 어떻게 할 것인가

영욱이는 초등학교 때 수학 중 분수의 사칙계산을 싫어해서 잘하지 못했던 기억이 있습니다. 중학생이 되어 첫 단원인 소인수분해는 그럭저럭 넘겼는데 두 번째 단원인 정수와 유리수의 사칙연산에서 분수의 사칙계산이 걸렸습니다. 통분도 해야 하고 약분도 해야 하는데 책을 펼쳐 볼 용기가 없었습니다. 포기하기는 싫고 어떻게든 다시 해보고 싶은데 방법이 막막했습니다.

영욱이는 어떻게 해야 할까요? 초등학교 1학년 수학부터 다시 시작해야 할까요? 그렇지 않습니다. 시간이 충분하다고 해도 초등 과정 전체를 다시 시작하는 것은 여러 가지 무리가 있습니다. 사실 초등 과정에 나오는 모든 수학 개념이 중·고등학교 수학에 연결되는 것은 아니거든요. 이때는 방법을 반대로 해야 합니다. 중학교 수학, 그것도 오늘 배우는 수학 개념에 직접 연결된 이전 개념만 가볍게 공부하고 다시 오늘 배우는 개념으로 되돌아오는 방법을 택하는 것입니다.

유리수의 사칙연산에 필요한 초등수학은 분수의 사칙계산입니다. 그래서 초등 5, 6학년 수학 교과서를 찾아 분수의 덧셈과 뺄셈, 곱셈과 나눗셈 부분만 복습합니다. 불과 1~2년 전에는 전혀 이해하지 못했던 개념이라도 중학생이 되어 보면 신기하게도 훨씬 쉽게 이해되는 것이 많습니다. 이것은 실력이 늘어서라기보다 인지 발달 능력이 향상된 덕입니다. 그래서 두세 달 공부해야 하는 것을 보름 안에도 끝낼 수 있고, 어쩌면 그보다 훨씬 짧은 기간에 해결할 수도 있습니다. 그리고 초등학교 수학으로 연결하여 생각하면 중학교 수학이 한결 쉽게 다가옵니다. 연결만 제대로 된다면 중학교 수학을 선생님 도움 없이 자기주도적으로 이해하는 수준에 도달할 수도 있습니다.

만약 초등 5, 6학년의 분수의 사칙계산에 대한 개념적인 이해가 아직도 충분하지 않다면, 여기에 너무 많은 시간을 할애할 수 없으므로 공식 위주의 공부를 합니다. 중학교의 유리수의 사칙연산 문제를 해결할 수 있는 수준이면 됩니다. 그렇게 해서 지금 당장 배우는 유리수의 사칙연산을 공부합니다. 그리고 여름방학 등 여유 있는 시기를 이용하여 초등 내용 중 충분히 이해하지 못한 부분을 꼭 복습합니다. 여름방학쯤이면 인지 발달 능력이 좀 더 향상된 상태일 테니 이해가 더 잘될 수 있습니다.

결국 가장 중요한 것은 지금 현재 배우고 있는 내용을 개념적으로 충분하게 이해하는 것입니다. 사전 지식으로 필요한 부분은 개념적인 이해가 안 되는 경우 절차적인 공부를 통해서라도 오늘 공부에 지장이 없을 정도로만 공부하면 됩니다. 그래서 어떻게든 학교 진도에 맞추어 오늘 배우는 개념에 누수가 생기지 않도록 하고, 과거의 부족한 개념은 방학 등 여유 있는 시기에 메우는 방법을 택합니다.

중·고등학생 수학 Q&A 44

중학생

Q1 수학은 매일 규칙적으로 일정한 분량을 정해놓고 공부하는 것이 중요하다고 들었습니다. 학습지를 규칙적으로 공부하는 것은 어떤가요?

A1 규칙적으로 수학을 공부하는 습관을 만든다는 것은 아주 좋은 생각이에요. 지금은 중학생이지만 고등학교에 가면 공부할 내용이 많아지는데, 습관이 안 되어 있으면 적응하기가 힘들 수 있어요. 그런데 학습지는 대부분 문제 풀이 훈련을 많이 시키므로 개념이나 원리 공부가 잘 잡힐지 걱정입니다. 그보다 교과서를 가지고 이 책 앞부분에서 소개한 '설명하기'를 규칙적으로 학습해보세요. 학습지는 자기주도적인 학습 습관에 방해가 될 가능성이 큽니다.

Q2 중학생이 되었으니 문제집을 더 많이 풀려고 해요. 어떤 문제집이 좋을까요?

A2 문제집을 풀 때는 전제 조건이 있습니다. 수학 교과서의 내용을 충분히 소화하는 것이 우선입니다. 혹시 본인이 수학 교과서의 내용을 어느 정도 소화했는지 체크해본 적 있나요? 지금 즉시 확인해보고 부족한 부분이 있다면 해당 부분에 대한 복습을 먼저 하세요. 교과서에 나온 수학 개념을 100퍼센트 소화했다고 판단되면 그때 다시 문제집을 고민하기 바랍니다. 문제집으로 공부할 때는 여러 권의 문제집을 빨리 풀기보다 한 권의 문제집을 여러 번 푸는 방법을 추천합니다.

Q3 초등학생 때 주산 학원에 다녔는데, 중학생이 되어서도 주산이 수학 공부에 도움이 될까요?

A3 우리나라에는 주산이 10단인 사람이 많았는데, 이들이 수학자가 된 사례는 거의 없습니다. 심지어 수학과에 진학한 사례도 거의 없습니다. 주산은 일종의 단순 암기와 숙달입니다. 수의 계산을 암기하기 때문에 일시적으로 계산 시간을 단축해주는 효과가 있을 뿐이에요. 암산 이후에는 반드시 손으로 계산하는 필산도 해줘야 하거든요. 그리고 중·고등학교에서는 수보다 문자를 계산하는 경우가 많기 때문에 주산은 수학 공부와 별 관계가 없습니다.

Q4 서점에 가면 문제집이 너무 많아요. 수준도 다양한데 상중하 수준의 문제집을 골고루 풀어보는 것이 좋을까요?

A4 문제집은 수학 공부의 목적이 아닙니다. 수학 공부는 기초가 중요한데, 기초라는 것은 문제를 푸는 실력이 아니라 수학 개념에 대한 충분한 이해를 말합니다. 중학교에서 소수를 배우는데, 소수의 개념 안에 약수가 나오지요. 이때 초등에서 배운 약수가 무엇인지 막힘없이 설명할 수 있어야 하는데, 중학생이 되어도 초등수학 개념을 탄탄히 다지지 않은 경우에는 설명을 못 하는 학생이 많습니다. 이런 상황에서도 문제집을 많이 풀려고만 합니다. 문제집은 한 권이면 족합니다. 교과서의 수학 개념을 충분히 이해한 상태에서 <u>스스로 70퍼센트 정도를 풀어내는 문제집</u>이 본인에게 맞는 수준입니다. 그런 문제집을 찾아내는 일에 성공하면 그 문제집 한 권을 여러 번 풀면서 공부하기 바랍니다.

Q5 저는 중학생인데도 계산을 잘못해서 틀리는 문제가 많아요. 어떻게 하면 좋을까요?

A5 계산을 반복해서 틀린다면 초등에서는 자연수의 사칙연산과 분수의 사칙연산이 힘들었을 것입니다. 계산의 원리에 대한 이해력을 높여야 합니다. 중학교에서는 문자식의 계산에 대한 기초가 필수적입니다. 일차식이나 이차식의 계산에 익숙해야 하는데 문자가 수와 달라서 헷갈리기 쉽습니다. 동류항 정리의 방법을 정확하게 이해하는 것이 필요합니다. 계산에 실수가 많은 것은 연습이 부족해서가

아닙니다. 연산에도 개념과 원리가 있습니다. 개념과 원리를 이해한 후에 훈련이 뒤따라야 하지요. 원리를 모르고 단순 암기 훈련을 반복하면 머지않아 한계에 부딪칩니다. 암기한 것도 가끔은 기억나지 않을 때가 있습니다. 그럴 때면 원리에 대한 이해 상태를 수시로 되돌아보아야 합니다. 정확히 이해한 것은 기억이 오래갑니다.

Q6   중2입니다. 아직도 서술형 문제가 나오면 어디서 시작해야 할지 모르겠습니다. 서술형 문제 풀이만 가르쳐주는 수학 학원도 있을까요?

A6   서술형 문제를 풀 때 수와 연산이 포함된 수식으로 바꾸지 못하는 학생이 많습니다. 연산능력이 부족해서가 아니라 문맥에 대한 이해가 부족하기 때문입니다. 독서를 통해 어휘력과 이해력을 다져야 합니다. 수학 학원을 찾기보다 집에서 독서를 많이 하기 바랍니다. 수학 관련 독서보다는 역사나 철학에 관한 책 등을 골고루 읽기 바랍니다. 수학 서술형 문항에 답을 쓰기 어려운 것은 개념적인 이해가 부족한 탓입니다. 개념적인 이해라는 것은 각 개념 사이의 관계를 논리적으로 이해하는 것인데, 논리적인 이해가 서술의 기본이 됩니다.

Q7   책 읽기가 아무리 중요해도 수학에 도움이 될까요? 독서의 효과가 어느 정도인가요?

A7   독서는 수학 못지않게 대단히 중요합니다. 독서가 더 중요하다고 생각하는 선생님도 많습니다. 독서는 이해력과 어휘력을 넓혀

줍니다. 고등학교 수학 문제를 보면 문제 하나에 보통 3~4가지 개념이 얽혀 있습니다. 각 개념의 논리적인 선후 관계를 따지고 문제의 조건을 분석해야 하는데, 이때 독서가 큰 힘을 발휘합니다. 눈에 드러나지 않으니 잘 모르고 지날 뿐이지요. 초등학교나 중학교에서는 독서가 수학의 기본이 된다고 해도 과언이 아닙니다.

Q8 중학교 2학년이 되니까 도형 문제가 너무 어려워졌습니다. 문제에 주어지지 않은 선도 그려야 하는데, 도형을 이리저리 훑어보는 것이 힘들어서 그림만 보면 겁부터 나고 머리가 하얘집니다. 해결책이 없을까요?

A8 초등학교 도형은 다소 구체적이고 조작적이었습니다. 구체물을 만들고 만져보기도 하는 등 체험을 통해서 수학적인 사실을 이해해나갔지요. 그런데 중학교 도형은 지극히 추상적이고 논리적입니다. 갑자기 난이도가 높아진 것은 사실입니다. 그렇지만 수학은 논리적인 연결을 중시하는 학문입니다. 초등에서 배운 도형을 반복해서 배우되 초등 도형 개념을 논리적으로 연결함으로써 중학교 도형 개념을 설명해내는 것이 중요한 목표입니다. 이등변삼각형의 두 밑각의 크기가 같다는 사실은 초등 시절부터 이미 알고 있지만 중학교에서는 왜 그런지를 설명해내도록 요구합니다. 전혀 모르는 새로운 사실이 절대 아닙니다.

Q9 중2가 되니 순환소수라는 것이 나오는데, 이해되지 않는 부분이 많아요. 왜 분수를 소수로 고쳤을 때 순환하지 않는 무한소수는 나오지 않

나요? 때로는 그런 소수도 나올 것 같아요.

A9 아주 중요한 질문입니다. 순환소수가 나오는 이유를 명확하게 이해하는 것이 쉽지 않습니다. 유리수, 즉 분수를 소수로 고치려면 나눗셈을 해야 합니다. 나눗셈 도중 나머지가 0이 나오면 유한소수가 되지요. 나머지가 0이 아닌 경우가 고민입니다. 나머지로 무엇이 나올지는 모르지만 나머지의 한계라는 것이 있습니다. 즉, 나머지는 나누는 수보다 작아야 합니다. 나머지가 나누는 수보다 작기 때문에 최대한으로 다 나온 다음부터는 반복될 수밖에 없습니다. 나머지가 반복되면 몫이 반복되기 때문에 몫으로 나타나는 소수가 반복됩니다. 이것이 순환소수가 됩니다. 정리해보면, 나누는 수가 유한하기 때문에 나머지로 나타날 수 있는 수가 유한하고, 몫으로 나타나는 수도 유한히 반복되는 것이 순환하는 무한소수, 간단히 말해 순환소수입니다.

Q10 중3이 되는 학생입니다. 수학을 좋아하지 않아서 공부를 소홀히 했는데 그렇다고 포기할 수도 없어요. 이제라도 하고 싶은데, 주위에서는 문제집을 매일 몇 장씩 풀라고 합니다. 이런 방법 말고 수학을 제대로 공부하려면 어떻게 해야 할까요?

A10 수학은 매일 꾸준히 해야 하는 것이 맞습니다. 그런데 수학을 좋아하지 않는 것은 수학을 공부할 필요를 느끼지 못하기 때문인 것 같아요. 한 가지 방법을 제안한다면 학교에서 배운 것을 그날그날 설명하는 습관부터 들여보세요. 친구에게 설명하든지 부모님께

설명하든지 아니면 동생에게 들어달라고 해도 됩니다. 듣는 사람에게 왜 그런지를 자꾸 물어달라고 하면서 그 이유를 설명해가면 수학이 괜찮은 과목이라는 것이 느껴지는 때가 옵니다. 이 책의 앞부분에 나와 있는 '설명하기'를 참고해보세요. 설명하는 내용은 문제집이 아니라 교과서에 나온 수학 개념이고, 그날그날 배운 것을 이제부터라도 빠짐없이 설명해가면 언젠가는 다 연결되는 순간이 반드시 옵니다. 기대를 가지고 포기하지 않았으면 해요.

Q11 서술형 문제에서 풀이 과정을 어디까지 써야 하는지 모르겠어요. 머릿속에서 답이 바로 나오는데 풀이 과정을 쓰지 않았다고 감점을 받은 적이 많아요.

A11 요즘 학교 평가에서 서술형이 강조되고 있어 신경이 많이 쓰일 것입니다. 서술형을 강조하는 것은 수학의 특성상 바람직한 일입니다. 과거 서술형이 강조되지 않을 때는 선다형이나 단답형이 주를 이루었지요. 선다형이나 단답형으로는 수학의 과정을 평가하는 것이 어렵습니다. 심지어 과정을 정확히 모르면서 대충 찍어 답을 맞히는 요행심마저 키워주는 비교육적인 현상이 벌어지기도 했지요. 자기 생각이 옳다는 것을 남에게 주장해서 인정받으려면 당연히 남을 설득하는 과정이 필요한데, 그것이 바로 과정을 서술하는 것과 같다고 생각해보세요. 내 머릿속에서 바로바로 계산이 되는 그 과정을 선생님은 보고 싶은 것이거든요. 계산이 머릿속에서 다 해결되더라도 그 과정을 기술하는 방법을 익혀야 합니다. 그러지 않으면 답

만 외워서 풀었다는 의심을 받고 계속 감점을 받을 수 있어요. 문제집 등의 풀이 과정을 참고로 하면 어느 정도까지 써야 할지 분간할 수 있을 것입니다.

Q12 문제를 대충 읽고 풀기 때문에 실수가 많아요.

A12 문제를 읽지 않고 대충 푸는 습관은 반드시 고쳐야 하겠지요. 이는 비단 수학 문제를 풀 때만이 아니라 모든 과목에서 나타나는 현상일 것입니다. 수학 문제는 조건 하나하나가 중요한 역할을 하기 때문에 대충 읽으면 문제에서 원하는 바른 답을 쓰는 것이 쉽지 않습니다. 특히 문장제로 된 수학 문제는 천천히 말로 소리 내어 읽어보기 바랍니다. 그러면 문제의 조건에서 어떤 부분이 중요한지 감이 잡힐 것이고 대충 읽는 습관도 고칠 수 있습니다.

Q13 저는 문장을 읽고 수식으로 표현하는 것에 약해요. 식을 세우지 못하거든요. 어떻게 하면 식을 세울 수 있을까요?

A13 문장을 읽고 수식으로 표현하지 못하는 것은 학생의 사고가 아직 추상화할 수 있는 수준이 아니기 때문이에요. 미지수를 사용하여 식을 세워야 하는데 미지수가 문제에 주어져 있지 않으니까요. 우선은 미지수를 언제 사용할지 고민해보세요. 문장을 읽으면서 구하려는 것이 무엇인지 판단해보세요. 바로 그것이 미지수랍니다. 구하려는 것이 판단되면 문자를 사용해서 식을 세우는데, 이때 식은 주로 등식 아니면 부등식으로 나옵니다. 등식은 같다는 개념에서,

부등식은 크거나 작다는 개념에서 나오는 것이니 둘 사이를 구분해야 하지요. 활용문제 여러 개를 한꺼번에 연습해보세요. 처음에는 실패하더라도 익숙해져야 합니다.

Q14 아직 중3인데 고등학교 입학 전 선행을 어디까지 해야 하나요? 저는 일반고를 지망하려 합니다.

A14 중3이면 마음이 급하지요. 중학교 수학에 비해 고등학교 수학은 내용이 많으므로 조금이라도 선행을 하는 것이 좋다는 이야기를 많이 들었을 것입니다. 하지만 이는 10년 전까지의 상황입니다. 모든 것이 다 수능 범위 때문이었지요. 그렇지만 최근 수능 범위가 많이 완화되었습니다. 고등학교 수학 수업도 옛날같이 빡빡하게 나가지 않으니 학교 진도에 맞춰 공부해도 됩니다. 더 중요한 것은 중3까지의 수학의 기초가 단단해야 한다는 사실입니다. 대개 선행을 하면서 중학교 수학을 대충 공부하는 학생이 많은데 이는 정말 안타까운 현실입니다. 고등학교 수학은 100퍼센트 중학교 수학을 기초로 하는데 기초도 없이 선행을 하는 것은 정말 무모한 일입니다.

Q15 중학생인데 수학 관련 도서나 수학 잡지를 읽는 것이 수학 공부에 도움이 되나요?

A15 독서는 이해력과 상상력, 표현력과 어휘력을 키워주지요. 책을 읽는 동안 내용을 이해하면서 다양한 능력을 획득하게 됩니다. 이런 능력은 비단 수학 공부에만 필요한 것은 아니지만 수학 개념은

모두 연결되어 있기 때문에 연결을 이해하는 능력이 절대적으로 필요해요. 그래서 독서를 적극 권장하는데 꼭 수학에 관련된 책으로 한정하지는 않아요. 수학 관련 도서는 오히려 내용이 수학에만 집중되어 있어서 독서를 통한 효과를 기대하기가 어려워요. 역사나 철학 등 다양한 분야의 독서를 해야 영양실조에 걸리지 않고 고르게 성장할 수 있습니다. 독서의 결과가 당장 점수로 나타나지는 않아요. 그러나 독서의 힘은 모든 공부에 그 능력을 발휘할 것입니다.

Q16 저는 수학을 다른 과목보다 좋아합니다. 성적도 잘 나오고요. 다른 친구들 보니까 영재교육원에 다니던데 저도 꼭 다녀야 할까요?

A16 영재교육을 하는 곳은 2가지로 구분되는데, 교육청이나 대학 등 국가에서 주관하는 영재교육원과 사설 학원이지요. 그런데 국가에서 주관하는 영재교육원은 무료이므로 열심히 공부하지 않는 친구들도 있습니다. 실제로 영재교육원 강사들의 증언이 그렇습니다. 사설 학원은 영재교육의 결과를 과시하기 위해 학생들을 각종 경시대회에 출전시키고 입상하게 만듭니다. 그러나 입상을 목적으로 하는 교육은 지적인 희열을 추구하기보다 단순 암기로 전락할 위험이 있습니다. 어려운 문제의 풀이법을 마냥 외우게만 하는 것이 학원의 현실일 수 있어요. 이런 점들을 주의해야 하지요. 사실 수학 교과서에 있는 모든 개념을 연결하는 능력이면 충분해요. 그보다 어려운 문제는 없거든요. 이 책의 앞부분에서 다룬 3단계 개념학습법을 충실히 이해하는 것이 영재교육보다 효과가 있을 것입니다.

Q17 예비 고1인데 고등학교 대비 문제집을 많이 푸는 것이 좋은가요? 아니면 고등학교 교과서를 보는 것이 좋을까요?

A17 3학년을 마친 겨울방학이라면 고등학교 교과서를 하나 구해서 공부하는 것이 좋아요. 고등학교 교과서는 10여 종이나 되지만 내용은 거의 비슷하므로 어느 출판사 것이든 상관없어요. 교과서가 어느 책보다 개념 설명이 잘되어 있습니다. 교과서는 학생이 처음 그 개념을 접한다고 가정하여 집필되었기 때문에 혼자서 이해할 수 있도록 배려하고 있거든요. 물론 아직 배우지 않은 내용을 단번에 이해할 수는 없어요. 다만 그중 스스로 이해할 수 있는 것이 있다면 즐거운 일이겠지요. 그리고 고1 내용을 이해하려면 관련된 중학교 개념을 반드시 먼저 이해하고 있어야 해요. 이미 알고 있는 중학교 개념을 끄집어내어 연결하면 스스로 이해할 수 있는 것이 늘어납니다.

Q18 '설명하기'의 중요성을 깨달았어요. 표현해보니 아는 것, 모르는 것을 확실히 구분할 수 있더라고요. 설명하기를 앞으로도 계속 하고 싶은데, 설명할 대상으로 부모님도 적당할까요?

A18 '설명하기'의 중요성을 깨달았다니 다행이에요. 설명하기는 정말 꼭 해야 합니다. 설명 대상이 부모님이면 어떻습니까? 부모님에게 설명하는 고등학생도 있답니다. 그런데 부모님이 시간을 날마다 낼 수 있는지 확인해보세요. 그리고 본인도 부모님에게 설명하는 것이 꺼려지지 않는지 판단해보세요. 조건이 맞지 않을 경우 친한 친구와 둘이서 하는 것이 딱 좋습니다. 같은 학교 친구와 마음이 맞

으면 학교 방과 후에 설명하기를 할 수 있어요. 이때 설명을 들으면서 보다 더 깊이 있는 설명을 요구하는 질문을 서로 마구 퍼부어줘야 효과가 있어요. 친구끼리 적당히 봐주고 넘어가면 서로에게 도움이 되지 않는답니다.

Q19 노력에 비해 성적이 나오지 않아요. 제 생각에는 문제 푸는 요령이 많이 부족한 것 같은데, 어떻게 보완해야 노력한 만큼 점수를 받을 수 있을까요?

A19 다른 친구에 비해서 점수가 잘 나오지 않으면 속이 많이 상하지요. 일단 성적이 나오지 않는 원인을 찾기 위해서 본인의 학습 방법을 엄밀하게 살펴볼 필요가 있습니다. 개념적인 학습 방법이 아니라 절차적인 학습 방법을 취하고 있다면 반드시 고쳐야 하지요. 절차적인 학습 방법으로는 노력한 만큼의 결과를 얻을 수 없습니다. 풀어본 문제와 비슷한 문제는 풀 수 있지만 조건이 바뀐다든가 소재가 바뀌면 문제를 해결하기 어렵습니다. 주로 공식만 암기해서 문제를 푸는 방법으로 공부하는 것은 아닌지 되돌아보기 바랍니다. 개념에 대한 이해가 충분하다고 판단되는데도 점수가 나오지 않는다면 문제 풀이 연습 시간을 늘리는 것으로 해결할 수 있어요. 이때 문제를 풀고만 넘어갈 것이 아니라 풀이 방법을 친구에게 설명해보는 시도를 하면 분명 더 큰 효과가 있을 것입니다.

Q20 중학생입니다. 시험에서 꼭 3~4개를 틀리는데, 앞으로도 이런 점

수를 받으면 나중에 대학 입시에서 많이 불리한가요? 중학교 점수의 대입 반영 비율이 정해져 있나요?

A20 중학교 시험에서 아무리 100점을 많이 받아도 그 기록은 고등학교에 가면 다 사라져요. 다시 처음부터 시작되지요. 중학교까지는 인생의 예선전에 불과합니다. 결선에 기록이 반영되지 않는데 '올 100'을 외쳐댈 필요가 없어요. 차라리 힘을 축적해두고 잠재력을 키우는 등 다양한 전략을 세워보세요. 고등학교에서 100점 받을 힘을 키우는 것이지요.

Q21 수학 시험을 볼 때마다 점수가 계속 떨어지니 이제는 자신감도 떨어지고 포기하고 싶어요. 이대로 가다가는 0점 받는 날이 곧 올 것만 같고, 이런 생각을 하면 가슴이 두근거려 잠이 오지 않아요. 수학에 대한 자신감을 회복할 수 있는 방법을 알려주세요.

A21 수학 공부에 있어 자신감은 절대적입니다. 자신감이 없으면 아는 문제도 틀리고 말아요. 시험문제 앞에서 떨면 문제가 보이지 않지요. 중학교까지 점수가 떨어지는 것을 회복하는 것은 얼마든지 가능합니다. 따라서 지금 다시 시작할 수 있는 결심이 필요해요. 그리고 그 시작은 본인 스스로의 힘으로만 가능합니다. 6학년 것을 모르면 체면 차리지 말고 6학년 교과서를 붙잡아야 해요. 6학년 때는 이해하지 못했어도 지금 다시 보면 쉽게 이해할 수 있고, 이해 속도도 빨라집니다. 서두르지 말고 차분히 공부해나가면 됩니다.

Q22 학교 수학 시험문제가 어느 부분에서 출제될지 몰라 항상 답답해요. 선생님은 배운 것만 잘 공부하면 된다고 하는데, 실제 시험문제를 받아보면 그렇지 않은 것 같아요. 시험에 어떻게 대비해야 하나요?

A22 답답하지요. 선생님이 시험에 출제할 내용을 미리 알려주면 좋으련만, 그러지 않는 선생님이 더 많지요. 그런데 우리나라에는 국가 수준의 교육과정 성취기준이라는 것이 있어요. 성취기준은 선생님들이 수업에서 가르쳐야 할 내용, 학생들에게 꼭 이해시켜야 하는 내용을 규정한 것이에요. 선생님은 교육과정 성취기준에 맞게 시험문제를 출제해야 해요. 평가하는 데도 기준이 있어요. 평가기준이라는 것이 다 정해져 있지요. 선생님들이 평가기준을 미리 알려주면 좋은데 아직 그런 문화가 자리 잡지는 못한 것 같아요. 사교육걱정없는세상 수학교육혁신센터에서는 학생이나 학부모 들의 이런 어려움을 해결하고 선생님들이 기준에 맞는 문제를 출제할 수 있도록 모든 평가기준에 맞는 예시 문항을 탑재한 플랫폼을 만들었답니다. 인터넷에서 '모두의 수학'을 찾아보세요. 시험 공부를 할 때 각 단원에 맞는 내용을 미리 확인하고 자기가 어느 수준에 있는지, 어떤 문제를 얼마나 더 풀어야 하는지 알아볼 수 있어요.

고등학생

Q23 고교학점제가 곧 시행된다고 하는데, 고교학점제에서 수학 공부는 어떻게 해야 하나요?

A23 고교학점제의 특징은 한마디로 학생의 과목 선택권이 존중된다는 것이에요. 그러므로 수학을 점수 따기 위한 과목으로 보던 인식에서 벗어나야 합니다. 꼭 하고 싶은 수학 분야를 찾아서 호기심을 가지고 공부하다 보면 평가를 잘 받고 학점을 딸 수 있을 것입니다. 이제 문제 풀이 위주의 수학 공부에서 벗어나 내용 중심의 수학 공부를 제대로 할 시기가 온 것이에요. 수학에서 어느 분야의 내용이 궁금한지 살펴보고, 또 고교학점제 과목으로 개설된 수학 과목에 대해서도 조사해보기 바랍니다.

Q24 이제라도 문제를 많이 풀면 수학 공부를 잘할 수 있을까요?

A24 문제를 많이 푼다고 기초가 잡히는 것은 아니에요. 수학의 기초는 개념과 원리라고 흔히 말하지요. 다들 알고 있으면서도 잘하지 못하는 것은 개념과 원리를 어떻게 해야 이해할 수 있는지를 잘 모르기 때문이에요. 선생님에게 배운다고 해서 무작정 수학 개념이 습득되는 것은 아니고, 학교 수업 직전에 예습으로 수업을 준비하고 학교 수업 후에는 복습하는 단계에서 스스로 개념을 다져야 하는데, 그 방법은 모든 개념을 자신의 말로 표현하는 표현학습을 하는 것이에요. 가장 좋은 시기는 수학 수업을 받은 날 저녁이에요. 이때 배운

만큼의 내용을 빠뜨리지 않고 다른 사람에게 설명하는 것이지요. 고등학생이어도 중학교와 초등학교 수학이 부족하다면 필요한 것을 꼭 복습해야 합니다.

Q25 사회생활을 잘하려면 수학적 사고력이 좋아야 한다던데, 수학적 사고력은 언제, 어떻게 기를 수 있어요?

A25 수학을 공부하는 목적 중 하나가 수학적 사고력을 키우는 것이에요. 그런데 문제집을 푼다고 수학적 사고력이 자라는 것은 아니에요. 수학적 사고력은 수학 개념 사이의 논리적인 연결능력을 통해서 길러지는데, 이는 교과서 내용을 설명하는 과정에서 키워질 수 있어요. 개념연결에 대해서는 이 책 앞부분에서 다룬 3단계 개념학습법을 참고하기 바랍니다.

Q26 고1인데 겨울방학 중 선행학습은 어디까지 하는 것이 좋은가요?

A26 방학 중에는 선행학습보다 부족한 부분에 대한 복습이 우선이에요. 다음 학기 것을 굳이 선행하지 않아도 학교 수업 진도에 맞춰 그때그때 결손이 없도록 하면 큰 문제가 없을 것입니다. 그보다는 기초를 다지는 것이 중요해요. 1학년 수학 교과서에 나오는 개념이나 원리를 충분히 소화했다고 판단되면 그때 비로소 다음 학기 예습을 할 수 있습니다. 예습으로 새 학기 교과서 전체를 모두 학습할 필요는 없어요. 첫 단원 정도면 충분합니다.

Q27 학원에 다녀도 성적이 오르지 않아요. 학원을 끊고 집에서 공부해보고 싶은데, 수학 문제집은 어떤 것을 골라야 하나요?

A27 좋은 생각이에요. 그런데 문제집보다는 교과서가 먼저예요. 교과서 내용을 충분히 소화하고도 시간 여유가 있다면 교과서 연습 문제와 비슷하거나 조금 난이도가 있는 문제집을 골라 풀어보세요. 심화의 개념을 가지고 문제집을 찾다 보면 자신에게 너무 어려울 가능성이 있어요. 나에게 맞는 문제집은 한 페이지에 나온 문제 중 70퍼센트 정도를 스스로 해결할 수 있는 것이에요. 그리고 학원을 그만두더라도 수학 공부에 들이는 시간은 학원에 다닐 때와 똑같아야 해요. 집에서 공부한다고 학원에 다닐 때보다 시간을 덜 들이면 학원에 다니는 것만 못할 수도 있습니다.

Q28 친구들은 보통 어려운 문제를 틀리게 마련인데, 저는 쉬운 문제를 틀리고 어려운 문제는 잘 맞혀요. 기초가 부족하면 어려운 것도 풀어내지 못할 테니 기초가 부족한 건 아닌 것 같은데 이유가 무엇일까요?

A28 쉬운 문제를 틀리고 어려운 문제를 잘 맞힌다면 크게 걱정할 일은 아닙니다. 보통 공부를 못한다고 하는 학생들의 특징은 문제가 조금만 어려워져도 아예 손을 못 대거든요. 그러므로 학생은 공부를 못하는 것은 아니라고 판단됩니다. 성격 탓도 있겠지요. 덜렁댄다거나 시험문제를 보면 조급해진다거나 아니면 성격이 소심해서 시험 시간에 가슴이 두근거리는 경우일 수 있습니다. 대범하지 못하면 큰 시험을 망치는 경우가 많아요. 수학에 대한 자신감과 여유가 필요하지요.

Q29 고1입니다. 이차방정식까지는 모르는 것이 없는 것 같은데, 삼차방정식부터 해를 구할 수가 없어요. 이유가 무엇일까요?

A29 일차방정식이나 이차방정식은 중학교에서 다루었지요. 이차방정식의 일부 내용은 고1에서 다루고요. 드디어 삼차방정식을 배웠군요. 이차방정식까지는 해를 구할 때 근의 공식이라는 엄청난 무기를 사용하여 모든 해를 구할 수 있었지요. 삼차방정식이나 사차방정식도 근의 공식이 있기는 하지만 공식 자체가 너무 복잡해서 학교에서 가르치는 내용에 포함하지 않고 있습니다. 대신 인수정리 등을 이용하여 인수분해가 되는 방정식만 다루기 때문에 인수정리를 정확히 이해하는 것이 핵심입니다. 인수정리는 말 그대로 공식이기 때문에 그냥 외우기만 하면 안 되고 반드시 그 유도 과정을 설명할 수 있는 수준까지 공부해야 해요. 인수정리를 충분히 이해해야 삼차방정식과 사차방정식을 풀 수 있답니다.

Q30 문제를 푸는 과정을 연습장에 쓰지 않는 습관이 들었는데, 고치기가 어려워요. 눈으로만 문제를 풀려고 하니 아는 문제인데도 실수하는 일이 종종 일어납니다. 이런 습관은 어떻게 고칠 수 있나요?

A30 공부하는 것도 습관입니다. 풀이 과정을 깔끔하게 쓰는 습관이 들 때까지 노력해야 합니다. 왜 풀이 과정을 써야 하는지 스스로 납득해야 하지요. 자기 생각이 옳다는 것을 남에게 주장해서 인정받으려면 당연히 남을 설득하는 과정이 필요한데, 그것이 바로 풀이 과정을 서술하는 것과 같거든요. 그리고 문제를 푼 후에 다른 사람

에게 푸는 과정을 설명하고 표현하는 시간을 가지면 설명하는 과정에서 쓰는 연습이 이루어질 것입니다.

Q31 고1입니다. 중학교 3학년 때까지는 수학을 곧잘 했는데 고1 올라와서 수학이 너무 어려워요. 선행은 생각도 못 하고, 겨우 진도에 맞춰 공부하고 있는데 지금 배우는 도형의 방정식이 많이 어렵습니다. 도형의 방정식을 쉽게 이해할 수 있는 방법이 있을까요?

A31 도형의 방정식의 기초는 모두 중학교 도형 부분에 있어요. 예를 들어, 원의 방정식은 피타고라스 정리를 이용하여 원의 중심과 원 위의 한 점 사이의 거리를 구하는 것인데, 이는 한 점에서 일정한 거리에 떨어진 점의 모임이 원이라는 원의 정의를 이용한 것이에요. 원의 접선의 방정식 역시 원의 접선에 관한 여러 성질을 이용하여 구할 수 있어요. 이렇듯 고등학교 도형의 방정식은 중학교 도형을 좌표평면 위에 올려놓은 것에 불과해요. 선행에 초점을 맞추기보다 중학교 개념 정리에 힘쓰면 저절로 고등학교 수학 공부 준비가 된답니다.

Q32 인수분해 공식을 다 외워야 하는지 궁금해요. 외우면 문제 풀이가 빨라질 것 같은데, 수학은 단지 문제만 풀려고 배우는 게 아니잖아요.

A32 수학에서 공식은 문제를 푸는 데 사용되기 때문에 외울 필요가 있습니다. 그러나 외우는 것이 전부는 아닙니다. 공식을 외우는 것은 자주 사용하는 공식이나 아주 복잡해서 순간적으로 유도하는 것이 어려운 공식일 때 필요하지요. 인수분해 공식은 곱셈 공식의

역이기 때문에 곱셈 공식만 외우고 그 역으로 생각해내면 따로 외우지 않아도 될 것 같아요. 그런데 곱셈 공식 또한 분배법칙을 이용하면 바로 나오기 때문에 곱셈 공식을 꼭 외워야 한다고 말하기는 애매하군요. 아마도 문제를 풀다 보면 저절로 암기가 될 것입니다.

Q33 다른 과목은 잘하는데 유달리 수학을 싫어해서 수학 성적이 젬병이에요. 저도 수학을 잘할 수 있을까요?

A33 다른 과목은 잘한다니 다행입니다. 전 과목에서 부진하면 수학을 공부하는 것이 더욱 어려울 텐데 수학만 못하는 경우라면 가능성이 많습니다. 지금 문제가 되는 것은 고등학교 수학 때문만은 아닌 것 같아요. 그렇지만 중학교 수학부터 시작한다면 고등학교 수학을 시작하기도 전에 포기할지도 모릅니다. 그래서 지금 공부하는 과목부터 시작하되 이전 학년에서 알아야 할 개념에서 생기는 문제는 딱 그 개념만 잠시 이전으로 돌아가서 공부하고 곧바로 다시 지금 공부하는 것으로 연결하는 방법을 사용해야 해요. 이렇게 하면 지금 공부하는 것만큼은 단단히 정리가 되지요. 지금 공부하는 것 하나라도 잘 정리가 되면 나머지 것도 같은 방식으로 공부하면 됩니다.

Q34 수학체험센터나 수학문화관에 가면 교구를 체험하는 코너가 있는데, 이러한 활동이 수학 공부에 도움이 되나요? 막상 해보면 그 순간은 재미있는데 수학 실력이 느는 것 같지는 않아서요.

A34 체험 활동의 효과는 학생마다 다르게 나타나요. 그 목적이 저

마다 다르기도 하고요. 수학 교구는 대부분 수학 개념을 처음 공부할 때 구체적인 조작 활동을 해보도록 만들어진 것이에요. 구체적인 조작을 통하면 이해가 쉬워요. 그런데 그 자체가 수학인 것은 아니에요. 구체적인 체험 활동 이후에 수학적으로 정리하고 더 나아가 새로운 수학 개념으로 연결하는 데까지 가지 않으면 체험 활동이 수학 실력 향상에 도움이 된다고 보기는 어려워요. 어떤 체험 활동은 새로운 발견으로 이어지기도 하는데, 이때는 창의력 향상에 도움이 되지요.

Q35 저는 문제집 위주로 공부하고 있어요. 학교 시험이 보통 문제집과 비슷한 수준으로 출제되기 때문에 여태껏 어려움이 없었습니다. 그런데 수능 모의고사에 나오는 어려운 문제는 항상 틀려서 걱정이에요. 친구들은 최상위권을 위한 아주 어려운 수학 문제집을 풀어야 수능을 대비할 수 있다고 하는데, 정말 그런가요?

A35 최근 수능에서는 교육과정을 벗어난 킬러문항이 출제되고 있습니다. 수능 수학 문제가 모두 평범하면 한 문제만 틀려도 2등급이 될 수 있어 억울함을 호소하는 학생들이 많답니다. 상대평가인 수능이 근본적으로 가진 문제점이지요. 오지선다형이자 상대평가인 수능 제도를 손봐야 이런 문제가 해결될 것 같아요. 그렇더라도 당장 킬러문항을 해결하기 위해 아주 어려운 수학 문제집을 풀어야만 하는 것은 아닙니다. 많은 학생이 이런 문제집을 풀지만 실제로 최상위 킬러문항의 정답률은 1퍼센트 내외예요. 결국 풀지 못하는 경우가

더 많습니다. 그보다는 교과서에 나오는 모든 수학 개념의 논리적인 연결성을 정확히 이해하는 공부가 더 중요합니다.

Q36 고등학생이 되었는데 하루에 수학 공부를 얼마나 해야 하나요?

A36 하루에 공부하는 것을 양적으로 생각하여 문제 수나 쪽수로 규정할 수도 있지만, 시간으로 정할 수도 있습니다. 문제 수나 쪽수로만 규정하면 문제 수나 쪽수를 채우기 위해 빨리빨리 해결할 가능성이 있어요. 공부를 대충 한다는 말이지요. 빨리 끝내야 하고 싶고 놀고 싶은 것을 할 시간 여유가 생기니까요. 문제 수나 쪽수를 정하기보다 공부 시간을 정해보세요. 그래야 깊이 있는 공부, 대충 끝내지 않고 한 문제라도 집중해서 풀어보는 질 높은 공부를 할 수 있습니다. 사고력도 향상되겠지요.

Q37 중학교 때까지 학원 없이 스스로 공부했는데, 부모님도 이제는 학원에 가야 하는 것이 아니냐고 하세요. 정말 학원에 다녀야 할까요?

A37 지금까지 스스로 공부했다면 정말 다행입니다. 자기주도적인 공부 습관이 이미 갖춰져 있다면 학원은 추천하지 않습니다. 대부분의 학원에서는 자기주도적인 공부를 시키는 것이 아니라 학원 주도의 공부를 시키거든요. 그리고 학원에서 시키는 공부의 대부분은 결국 본인 스스로 해야 하는 것들이지요. 본인이 해야 할 공부를 학원에서 대신 지시하고 알려주는 것 이상은 아닐 수 있어요. 더욱 중요한 것은 자기주도적인 습관이 깨질 우려가 있는데, 이후에는 다시

돌리기가 어렵습니다. 학원은 고등학교 후반부에 가서 공부를 다 마치고 부족한 부분이 생길 때 잠깐 도움을 받는 것이 좋습니다.

Q38 수학 문제집은 몇 권이나 풀어야 해요? 문제 풀이의 양과 질, 어떤 것이 중요한가요?

A38 수학 공부는 양보다 질이 중요해요. 문제집을 빨리 풀어대는 것이 무슨 효과가 있을까요? 문제집을 1~2권만 풀고도 수능에서 만점을 맞은 경우도 있습니다. 문제집 한 권을 여러 번 푼 것이지요. 문제의 질도 중요하지만 공부하는 방법의 질이 더 중요해요. 쉽고 단순한 문제를 풀더라도 그것을 확장시키는 방식으로 공부해야 어려운 문제를 푼 이상의 효과를 거둘 수 있어요.

Q39 수능 모의평가 문제를 풀다 보면 틀리는 문제가 반 이상이에요. 오답 노트를 쓰는 것이 효과가 있다고 하는데, 틀린 문제와 풀이 과정을 쓴 다음에 무엇을 어떻게 해야 하는지 모르겠어요.

A39 초·중·고 구분할 것 없이 오답 노트를 많이 쓰지요. 그러나 오답이 너무 많은 경우는 노트를 만드는 일이 큰 부담만 될 뿐, 별 효과가 없을 것으로 생각됩니다. 30개 정도의 문제 중에서 3~4개를 틀렸다면 오답 노트를 만들기도 편하고 나중에 봐도 한 눈에 실수가 보이니 효과가 있겠지요. 그러나 절반 이상 틀렸다면 오답 노트 자체가 별 감동을 주지 못할 것입니다. 수학 문제를 푸는 중요한 목적은 답을 구하는 방법을 습득하는 것보다 수학 개념을 적용하는 연

습을 하는 것이에요. 수학 문제를 풀고 난 후에 남아 있어야 할 것은 문제 푸는 요령이 아니라 수학 개념이고요. 각 문제를 풀었을 때 어떤 수학 개념을 사용했는지 되돌아보면서 하나씩 정리해가면 언젠가 개념이 연결되는 순간이 올 것입니다.

Q40 고1입니다. 공부하는 습관 중에 학교 수업을 예습, 복습하는 것이 가장 좋다고 해서 예습 10분, 복습 30분 정도를 하고 있는데 이렇게 하면 효과가 있을까요? 아니면 더 좋은 방법이 있을까요?

A40 수학은 예습보다는 복습이 중요합니다. 다른 과목은 배경지식이 부족해도 새로운 것을 이해할 가능성이 높지만, 수학은 위계가 강해서 새로운 것을 이해하기가 쉽지 않아요. 그래서 배경지식이 부족하면 지금과 같이 예습보다 복습에 많은 시간을 할애하는 것이 바람직하지요. 그러나 궁극적으로는 복습 시간을 정하지 말고 그날 배운 것을 다 이해할 때까지로 잡는 것이 좋아요. 사실 그날 배운 것을 다 이해하지 못하고 이후로 미루면 다시 돌아오기가 어렵습니다.

Q41 문제를 틀렸을 때, 주위에서는 가급적 해답을 보지 말고 다시 풀어보라고 하는데 처음에 못 푼 문제는 두세 번을 풀어도 답이 잘 안 나와요.

A41 가급적 해답을 보지 말고 다시 풀어보라는 권고는 정말 중요합니다. 그런데 처음에 못 푼 문제는 대부분 두세 번을 풀어도 해결되지 않지요. 이유가 무엇일까요? 그 문제를 풀기 위한 배경지식이 부족하기 때문이에요. 개념적인 이해 부족이라고 하는 것이 맞겠지

요. 실제로 안 풀리는 문제는 해답을 봐도 이해가 안 되는 것이 많아요. 이때는 문제에 얽힌 개념을 제대로 공부하는 쪽으로 바로 돌아서야 해요. 그런데 이런 결심을 하는 것은 쉽지 않습니다. 또 해답을 봤을 때 바로 이해가 가는 경우도 있을 수 있어요. 이때는 절대 그냥 넘어가지 말고, 개념적인 이해를 통해서 문제를 잘 정리해야 해요. 순간적으로 힌트나 풀이를 보고 이해한 것은 자신의 실력이 아닐 수 있고, 이렇게 대충 넘어가면 한두 달 후에 다시 못 풀게 되기도 하거든요.

Q42 학원에 다녀도 성적이 오르지 않는데, 학원을 바꿔볼까요? 아니면 자기주도로 혼자 공부할 수 있는 방법이 있나요?

A42 저는 고등학교에서 25년을 가르친 경험이 있는데, 제자 중 학원에 다녀서 성적이 오른 사례를 거의 발견하지 못했습니다. 그보다는 수학 개념을 하나하나 꾸준하게 스스로 깨우친 학생들의 성공 사례가 많았지요. 수학 성적이 오르는 것은 본인의 내공이 쌓여야만 가능한 일이에요. 누가 되었든 다른 사람은 본인의 내공을 쌓아줄 수 없습니다. 지식의 전달도 그냥 듣기만 해서는 가능하지 않습니다. 본인이 철저히 몸으로 체험하고 가슴으로 경험하여 이해하는 것 외에 다른 방법이 있을 수 없습니다.

Q43 수학과 진학을 희망하는 고1 여학생입니다. 수학 관련 봉사활동을 하고 싶은데 어떤 것이 좋을까요?

A43 대입에도 봉사활동이 필요하지요. 수학 쪽 진로에는 순수수

학을 전공할 수학과와 중·고등학교 교사를 하게 될 수학교육과가 있어요. 수학과에 관심이 있다면 봉사활동을 생각하기보다 어떤 수학을 하고 싶은지, 수학 전공을 세부적으로 알아보면서 공부하는 쪽을 추천해요. 수학교육과를 희망한다면 앞으로 교사가 될 테니 거창한 것이 아니더라도 어려운 환경에 있는 아이들의 수학 학습을 도와주면 좋을 것 같습니다. 마을학교의 공부방이나 다문화 가정에서 아이들의 수학 학습을 도와주는 봉사활동을 추천합니다.

Q44 요즘 인공지능이나 코딩이 중요하다는 말을 많이 들어요. 특히 이런 첨단 분야에서는 수학적 사고가 절대적으로 필요하다고 하는데, 인공지능 수학 공부를 따로 해야 하나요?

A44 인공지능은 정말 대단한 발명입니다. 알파고 대 이세돌이 벌인 세기의 대결은 전 세계인들에게 충격으로 남아 있지요. 인공지능에 관심이 많다면 나중에 인공지능 분야로 진로를 정할 수 있어요. 인공지능을 위해서는 수학의 여러 분야가 필요합니다. 그러나 그 모든 수학은 대학 과정 이상에서 배울 수 있는 것이고 일부는 고등학교 수학에도 반영되어 있습니다. 결국 인공지능을 위한 수학을 따로 공부하기보다 학교에서 배우는 수학 개념을 충분히 이해하여 수학에 대한 자신감을 가지는 것이 가장 중요합니다.

중 · 고등학생용

지금 공부하는 게 수학 맞습니까?

지은이 | 최수일

초판 1쇄 발행일 2022년 5월 13일
초판 2쇄 발행일 2024년 12월 12일

발행인 | 한상준
편집 | 김민정 · 손지원 · 최정휴 · 김영범
마케팅 | 이상민 · 주영상
관리 | 양은진
표지 디자인 | 조경규
본문 디자인 | 한향림

발행처 | 비아북(ViaBook Publisher)
출판등록 | 제313-2007-218호(2007년 11월 2일)
주소 | 서울시 마포구 월드컵북로6길 97(연남동 567-40)
전화 | 02-334-6123 전자우편 | crm@viabook.kr
홈페이지 | viabook.kr

ⓒ 최수일, 2022
ISBN 979-11-91019-68-1 03370